DO CONSENTIMENTO NO HOMICÍDIO

ENÉIAS XAVIER GOMES

Alceu José Torres Marques
Prefácio

DO CONSENTIMENTO NO HOMICÍDIO

Belo Horizonte

2012

© 2012 Editora Fórum Ltda.

É proibida a reprodução total ou parcial desta obra, por qualquer meio eletrônico, inclusive por processos xerográficos, sem autorização expressa do Editor.

Conselho Editorial

Adilson Abreu Dallari
André Ramos Tavares
Carlos Ayres Britto
Carlos Mário da Silva Velloso
Carlos Pinto Coelho Motta (*in memoriam*)
Cármen Lúcia Antunes Rocha
Cesar Augusto Guimarães Pereira
Clovis Beznos
Cristiana Fortini
Dinorá Adelaide Musetti Grotti
Diogo de Fígueiredo Moreira Neto
Egon Bockmann Moreira
Emerson Gabardo
Fabrício Motta
Fernando Rossi
Flávio Henrique Unes Pereira
Floriano de Azevedo Marques Neto

Gustavo Justino de Oliveira
Inês Virgínia Prado Soares
Jorge Ulisses Jacoby Fernandes
José Nilo de Castro
Juarez Freitas
Lúcia Valle Figueiredo (*in memoriam*)
Luciano Ferraz
Lúcio Delfino
Marcia Carla Pereira Ribeiro
Márcio Cammarosano
Maria Sylvia Zanella Di Pietro
Ney José de Freitas
Oswaldo Othon de Pontes Saraiva Filho
Paulo Modesto
Romeu Felipe Bacellar Filho
Sérgio Guerra

Luís Cláudio Rodrigues Ferreira
Presidente e Editor

Coordenação editorial: Olga M. A. Sousa
Revisão: Leonardo Eustáquio Siqueira Araújo
Normalização e Indexação: Izabel Antonina A. Miranda – CRB 2904 – 6ª Região
Capa, projeto gráfico: Walter Santos
Diagramação: Deborah Alves
Imagem de capa: Michelangelo, *A criação de Adão*, detalhe.

Av. Afonso Pena, 2770 – 15º/16º andares – Funcionários – CEP 30130-007
Belo Horizonte – Minas Gerais – Tel.: (31) 2121.4900 / 2121.4949
www.editoraforum.com.br – editoraforum@editoraforum.com.br

G 77c   Gomes, Enéias Xavier
         Do consentimento no homicídio / Enéias Xavier Gomes; prefácio de Alceu José Torres Marques. Belo Horizonte: Fórum, 2012.

         130 p.
         ISBN 978-85-7700-530-7

         1. Direito penal – Homicídio. 2. Direito constitucional. I. Marques, Alceu José Torres. II. Título.

                    CDD: 345.025 23
                    CDU: 343.611

Informação bibliográfica deste livro, conforme a NBR 6023:2002 da Associação Brasileira de Normas Técnicas (ABNT):

GOMES, Enéias Xavier. *Do consentimento no homicídio*. Belo Horizonte: Fórum, 2012. 130 p. ISBN 978-85-7700-530-7.

Dedico este trabalho a duas pessoas.

Ao meu saudoso pai, Seu Levi, o melhor amigo que um homem poderia ter e que me ensinou tudo. Homem desvestido das vaidades humanas e inteiramente dedicado à família.

Pai, nunca me esquecerei daquela fatídica manhã de fevereiro; naquele instante, perdi uma parte de mim. Embora a vida exija que cada um viva seu caminho, não há como meus olhos não se encherem de lágrimas quando me lembro de seu olhar de anjo, das suas estórias, da nossa amizade, as boas risadas, do seu jeito de amar tudo o que via e de retribuir o mal com o bem. Até hoje, nos momentos de aflição, não me hesito em chamar: Pai! Afinal, foi sempre assim, fosse para fazer a febre baixar, ensaiar os textos da primeira comunhão, dar o nó na gravata ou apenas dizer alguma queixa ou preocupação. Como sinto falta de seu colo...

A minha supermãe, Dona Ivone, de quem me lembro dos deliciosos momentos em família, de sua severidade na cobrança dos estudos, das risadas, dos passeios, de nós dois sentados nas duas mesas do quarto, eu com meus livros e a senhora com seus trabalhos. Você, mãe, que nunca desistiu de viver, foi a minha fonte de inspiração para este trabalho. Nos momentos mais difíceis da doença, seus olhos azuis nunca deixaram de refletir o brilho da esperança.

Vocês me deram muito mais do que esperei, mereci e imaginei...

Agradecimentos

A Deus, que me deu forças para enfrentar as adversidades, nos momentos mais difíceis da vida. Aliás, me deu a vida...

À Nossa Senhora de Fátima, que adentrou em minha vida sem que eu percebesse e se tornou minha grande guardiã.

À minha esposa, Ana Paula, pela compreensão, carinho, companheirismo, dedicação, desprendimento, generosidade e altruísmo, tônicas de sua relação comigo.

Ao Ministério Público Brasileiro que luta incansavelmente por um país mais justo.

Ao professor Jair Leonardo Lopes pelo exemplo de profissionalismo.

Para viver de verdade, pensando e repensando a existência, para que ela valha a pena, é preciso ser amado; e amar; e amar-se. Ter esperança; qualquer esperança.

Questionar o que nos é imposto, sem rebeldias insensatas mas sem demasiada sensatez. Saborear o bom, mas aqui e ali enfrentar o ruim. Suportar sem se submeter, aceitar sem se humilhar, entregar-se sem renunciar a si mesmo e à possível dignidade.

Sonhar, porque se desistimos disso apaga-se a última claridade e nada mais valerá a pena. Escapar, na liberdade do pensamento, desse espírito de manada que trabalha obstinadamente para nos enquadrar, seja lá no que for.

E que o mínimo que a gente faça seja, a cada momento, o melhor que afinal se conseguiu fazer.

(Viver a Vida, Lya Luft)

SUMÁRIO

PREFÁCIO
Alceu José Torres Marques..13

APRESENTAÇÃO
José Silvério Perdigão de Oliveira..15

NOTA INTRODUTÓRIA 17

CAPÍTULO 1
HISTÓRICO..19
1.1   Histórico na legislação alienígena...22
1.2   Histórico na legislação brasileira 25

CAPÍTULO 2
CONSENTIMENTO 31
2.1   Conceito...31
2.2   Formas do consentimento...36
2.3   Validade do consentimento 37
2.4   O consentimento como excludente de tipicidade..........................40
2.5   O consentimento como excludente de ilicitude.............................41

CAPÍTULO 3
VIDA HUMANA 43
3.1   Conceito...43
3.2   Direito fundamental...46
3.3   Morte..48

CAPÍTULO 4
HOMICÍDIO..53
4.1   Conceito...53
4.1.1 Forma dolosa...54
4.1.2 Forma culposa...56

CAPÍTULO 5
ANÁLISE DA CONDUTA DOS SUJEITOS
NO CONSENTIMENTO 59
5.1   Análise da conduta do sujeito passivo..59
5.2   Análise da conduta do sujeito ativo 60

CAPÍTULO 6
ANÁLISE DO CONSENTIMENTO NO HOMICÍDIO 63
6.1   A vida como pressuposto da liberdade 64
6.2   O interesse social na preservação da vida 76
6.3   O equivocado argumento embasado no suicídio 78
6.4   Considerações morais 82
6.5   O incremento da criminalidade 83
6.6   O Estado como garantidor da vida 85

CAPÍTULO 7
DO CONSENTIMENTO INDIRETO E MORTE 89
7.1   Eutanásia 89
7.2   Distanásia 94
7.3   Ortotanásia 99
7.4   Prática sexual com portador de HIV e utilização de material
      contaminado 103
7.5   Das práticas esportivas fomentadas pelo Estado 107
7.6   A liberdade religiosa e a vida 110
7.6.1 O caso dos Testemunhas de Jeová 110
7.7   A liberdade política e a vida 115

CONCLUSÃO 117

REFERÊNCIAS 119

ÍNDICE 125

PREFÁCIO

Foi com muita satisfação que recebi o convite do Dr. Enéias Xavier Gomes para prefaciar sua obra, que trata de tema atual e intrincado, que muito tem a acrescentar à dogmática brasileira, sobretudo por ostentar lavor sistemático, sem prejuízo da indagação problemática lastreada na análise de obras de grandes pensadores do direito penal contemporâneo.

Fazendo jus à sua capacidade, já demonstrada em altiva atuação como Promotor de Justiça de Minas Gerais e mestre em direito pela UFMG, o Dr. Enéias nos brinda com uma obra densa, na qual destaca as importantes funções do consentimento do sujeito passivo no direito penal, enfoca os aspectos sociais e morais referentes à aplicação do instituto nos crimes de homicídio, e, ao final, sem prejuízo de reconhecer o sublime valor da liberdade e da autodeterminação na vida das pessoas, brada por uma inteligência voltada para a preservação da vida humana.

Dentre as grandes virtudes apresentadas pelo autor destaca-se o reconhecimento de que o ser humano não está alheio aos determinantes inconscientes que estruturam sua capacidade de ver o mundo, de sentir, de se posicionar e mesmo de decidir. No entanto, em se tratando da vida, em que pese o respeito às construções dogmáticas qualificadas em sede conclusiva pelo Dr. Enéias como exageradamente individualistas, preponderam valores supraindividuais, cujo portador é a sociedade ou o Estado. Aberta e plural, está a obra a reivindicar do leitor uma reflexão sobre o próprio sentido da vida humana, assim como a valorização máxima do mais importante bem jurídico tutelado pela lei penal.

O trabalho do autor não se limita a uma exposição do assunto no direito brasileiro; vai além, pois aborda, por meio de casos históricos, o que de relevante há no direito alienígena, de forma a fazer com que a leitura do livro seja, a um só tempo, um convite ao leitor para percorrer com segurança os difíceis caminhos da construção teórica do consentimento do sujeito passivo no direito penal, e, sobretudo, para que desfrute de uma leitura escorreita, estimulante e de fácil compreensão.

Por tudo isso, a obra do Promotor de Justiça Enéias Xavier Gomes é merecedora do mais alto encômio, o que muito ensoberbece o signatário deste.

Tenham todos boa leitura!

Belo Horizonte, outubro de 2011.

Alceu José Torres Marques
Procurador-Geral de Justiça de Minas Gerais.

APRESENTAÇÃO

Acolhi com muito orgulho, e ciente do peso da responsabilidade, a escolha do autor, em detrimento de nomes de diversos colegas do Ministério Público mineiro, certamente mais aptos e à altura de honrosa distinção, o convite para fazer a apresentação da obra intitulada *Do consentimento no homicídio*. A honraria, como dito, talvez represente apenas um gesto de gratidão de Enéias por eu ter sido uns dos incentivadores de seu trabalho e ter com ele dividido a alegria da aprovação de sua dissertação de mestrado por banca integrada pelos mais destacados professores e juristas do nosso Estado.

A respeito do autor, posso assegurar que dele tenho a melhor impressão e admiração que antecedem a seu ingresso no Ministério Público de Minas Gerais no ano de 2006. Por ser muito ligado ao valoroso Estado da Bahia e ali conhecer colegas admiráveis, tive notícias da passagem marcante de Enéias, o homem, o promotor, o ser humano excepcional na terra de Rui Barbosa.

Na nota introdutória e parte conclusiva de seu trabalho, Enéias deixa, nas entrelinhas, estampada sua bagagem jurídica aliada à sua sólida formação religiosa herdada de seus pais, Levi e Ivone. O princípio que norteia seu trabalho é uma verdadeira ode à vida. Para ele, a não ser a morte natural, nenhuma outra é legítima, mesmo que a tal acontecimento seja dada denominação diversa.

Para nós ocidentais, a morte é vista de maneira diferente de outros povos; especialmente para aqueles inseridos na cultura judaico-cristã, a morte é sempre um tabu. Com sua verve humorística judaica, o cineasta Wood Allen fez a seguinte observação a respeito da morte: "Não que eu esteja com medo de morrer. Apenas não quero estar lá quando isso acontecer".

Com seu brilhantismo, Enéias, que nos brinda com este livro, certamente nos dará outros trabalhos para futuras reflexões.

José Silvério Perdigão de Oliveira
Promotor de Justiça no Estado de Minas Gerais. Ex-presidente da Associação Mineira do Ministério Público.

NOTA INTRODUTÓRIA

No presente trabalho, é nosso propósito verificar, sob o aspecto criminal, se o consentimento pode ser eficaz no delito de homicídio.

Demonstraremos que o interesse estatal se identifica com a preservação da vida, independentemente da vontade individual, pois a vida permanece como um bem indisponível, de modo que o consentimento para morrer é, em regra, irrelevante do ponto de vista criminal. Iniciaremos com um breve escorço histórico do homicídio consentido nas civilizações mais antigas, lembrando casos emblemáticos. Em seguida, situaremos o tema na legislação alienígena e brasileira.

Verificaremos que o consentimento, em nosso Direito Penal, excepcionalmente, é eficaz quando o titular de um bem renunciável concorda, livremente, com a sua disponibilidade.

Abordaremos as principais correntes acerca do início e fim da vida humana e trataremos dos Direitos Fundamentais, em especial a proteção à vida e os princípios da liberdade e dignidade da pessoa humana. Situaremos a proteção à vida na legislação brasileira, abordando a tipificação do homicídio no Código Penal brasileiro.

Apresentaremos as posições doutrinárias favoráveis ao consentimento no homicídio, demonstrando suas incompatibilidades com o princípio da indisponibilidade da vida.

O auxílio ao suicídio merecerá considerações, principalmente tendo em vista a tipificação no artigo 122 do Código Penal e seu corolário no constrangimento ilegal previsto no artigo 146 do mesmo diploma legal.

Elucidaremos casos controvertidos no tocante ao dever do médico de cuidar da vida humana e suas implicações criminais, em especial, os casos de eutanásia, distanásia e ortotanásia.

Também serão discutidos os casos dos seguidores da religião Testemunhas de Jeová, que se recusam à transfusão de sangue, mesmo que seja a única alternativa para a preservação da vida.

Abordaremos as hipóteses de autocolocação em perigo em que há prática sexual ou utilização de seringas contaminadas pelo vírus HIV, causador da Aids (Síndrome da Imunodeficiência Adquirida).

Também teceremos considerações a respeito das práticas esportivas de risco, atentando-se, principalmente, para a necessidade de observância das regras esportivas.

Demonstraremos o pensamento dos tribunais brasileiros, citando diversos julgados sobre os casos práticos elencados durante o trabalho.

Por fim, apresentaremos nossas conclusões, esperando ter contribuído para a reflexão sobre o tema, especialmente em um momento de banalização da vida humana.

CAPÍTULO 1

HISTÓRICO

O consentimento no homicídio existe nas mais antigas civilizações. A *Bíblia Sagrada* apresenta algumas passagens nesse sentido, como no episódio em que Saul pede a seu discípulo que o mate para evitar ser capturado pelos filisteus, preservando, assim, sua dignidade:

> Os filisteus investiram contra Saul e seus filhos, matando Jônatas, Abinadab e Melquisua, filhos de Saul. A violência do combate concentrou-se contra Saul. Os arqueiros descobriram-no e ele foi ferido no ventre. Disse ao seu escudeiro: "Tira a tua espada e traspassa-me, para que não o venham fazer esses incircuncisos, ultrajando-me!" Mas o escudeiro não o quis fazer, porque se apoderou dele um grande terror. Então tomou Saul a sua espada e jogou-se sobre ela. O escudeiro, vendo que Saul estava morto, arremessou-se também ele sobre a sua espada e morreu com ele.[1]

Na *Bíblia*, há, ainda, outros casos de mortes consentidas, como, por exemplo, o de Abimeleque:

> Depois disso, Abimelec marchou contra Tebes, que sitiou e tomou de assalto. Havia no meio da cidade uma torre forte, na qual se tinham refugiado todos os habitantes, homens e mulheres. Fechando bem a porta, subiram ao terraço da torre. Abimelec, chegando ao pé da torre, aproximou-se da porta para lhe por fogo. Então, uma mulher, lançando de cima uma pedra de moinho, feriu-lhe a cabeça, fraturando-lhe o crânio. Chamou imediatamente o seu escudeiro e disse-lhe: "Tira a tua espada e acaba de matar-me, para que se não diga que fui morto por uma mulher!" Seu escudeiro o feriu, e Abimelec morreu.[2]

---

[1] BÍBLIA SAGRADA. A. T. *I Samuel*, 31: 2-5.
[2] BÍBLIA SAGRADA. A. T. *Juízes*, 9: 53-54.

Na Índia antiga, os portadores de doenças incuráveis eram ultimados no rio Benares, um dos principais do subcontinente Indiano, após terem a boca e narinas vedadas com lama sagrada. O consentimento também se revela comum nas guerras, através do "tiro de misericórdia" ou para evitar a captura pelo inimigo, como no caso de Saul, que acabamos de citar.

Diversos filósofos gregos e romanos defendiam a disponibilidade da vida através da eutanásia, conforme concluiu Evandro Corrêa de Menezes em 1946:

> Os gregos e romanos defendiam, por seus filósofos, a eutanásia, podendo-se citar PLATÃO e EPICURO, e EGESIA, "que considerava a dor como o único mal, e o prazer o único bem da vida", devendo, porém, ser melhor considerado "um instigador ao suicídio e não um eutantista. Por sua eloqüência ao aconselhar o suicídio o apelidaram 'o Peisithanatos', ou seja, o que persuadia a morrer".[3]

Há relatos de que, na Idade Média, os guerreiros utilizavam-se de um punhal, introduzido na articulação, para matar os companheiros que se ferissem nos combates ou para se suicidarem, preservando-se do sofrimento.

A questão da morte consentida sempre foi objeto de discussões, inclusive entre os católicos. Nesse sentido, Tomas Morus (1478-1535), canonizado pela Igreja Católica em 1935, ao descrever o Estado imaginário em seu célebre livro *A utopia*, afirma:

> No caso de a doença não ser incurável, mas originar também dores incessantes e atrozes, os sacerdotes e magistrados exortam o doente, fazendo-lhe ver que se encontra incapacitado para a vida, que sobrevive apenas à própria morte, tornando-se um empecilho e um encargo para os outros e fonte de sofrimento para si próprio e que deve decidir não mais alimentar o mal doloroso que o devora. E já que a sua vida é agora um tormento, que não se importe com a morte, antes a considere um alívio, e consinta em libertar-se dela como de uma prisão ou de uma tortura, ou que então permita que os outros o libertem dela. Dizem-lhe também que ao fazê-lo procederá com sabedoria, pois nada perderá com a morte, antes porá termo a um suplício cruel.[4]

---

[3] MENEZES, Evandro Corrêa. *Direito de matar*. 2. ed. Rio de Janeiro: Livraria Freitas Bastos, 1976. p. 46.

[4] MORE, Thomas. *A utopia*. Tradução de Pietro Nassetti. São Paulo: Martin Claret, 2003. p. 86-87.

A história traz relatos interessantes acerca da morte consentida por pessoas conhecidas mundialmente. Como exemplo, temos o caso do médico Sigmund Freud, vítima de um câncer na laringe. Em setembro de 1939, abalado pela moléstia, solicitou ao médico que lhe ministrasse doses de morfina, que lhe causariam a morte.

Nesse sentido, relatos de Freud, transcritos na obra de Ernest Jones:

> Meu caro Schur, o Senhor se lembra de nossa primeira conversa. O Sr. me prometeu então que me ajudaria quando eu não pudesse mais ir em frente. Agora é só tortura e não faz mais qualquer sentido. Schur apertou-lhe a mão e prometeu que lhe daria uma sedação adequada. Freud agradeceu, acrescentando depois de um momento de hesitação: fale com Ana (filha de Freud) sobre a nossa conversa. Não havia sentimentalismo ou autopiedade, apenas realidade — uma vida impressionante e inesquecível. Na manhã seguinte, Schur deu a Freud cerca de 20mg de morfina. Para alguém em tal ponto de esgotamento como estava Freud, e para quem os opiatos eram completamente estranhos, a pequena dose era suficiente. Suspirou aliviado e caiu em sono tranqüilo; estava evidentemente perto do fim de suas reservas.[5]

Um caso que gerou amplo debate na Espanha ocorreu em janeiro de 1998. Ramón Sampedro era um mecânico de barcos na Galícia que, aos 20 anos, dava a volta ao mundo e, aos 26, num mergulho em águas rasas, sofreu um acidente que o deixou tetraplégico. Sem poder mover seu corpo do pescoço para baixo, solicitou à Justiça permissão para a eutanásia. Sampedro argumentava que estava convicto de sua decisão e, para ele, viver não era uma obrigação. Após 29 anos de demandas judiciais, teve seu pedido indeferido. Assim, aos 13 de janeiro de 1998, mediante envenenamento e supostamente auxiliado por sua amiga Ramona Maneiro, executou um suicídio assistido, gravado em vídeo. O fato foi contado pelo próprio Ramón Sampedro no livro *Cartas do inferno* e, posteriormente à sua morte, foi objeto do filme *Mar adentro* (2004), dirigido por Alejandro Amenábar.[6]

Recentemente, a imprensa mundial noticiou o caso de Eluana Englaro, jovem italiana, vítima de acidente de carro em 1992, quando estava com 21 anos. Desde o acidente, Eluana não se recuperou,

---

[5] JONES, Ernest. *A vida e a obra de Sigmund Freud*. Rio de Janeiro: Imago, 1989. p. 249.

[6] Em 2005, o filme venceu o Oscar de Melhor Filme em Idioma Estrangeiro, o Globo de Ouro de Melhor Filme em Idioma Estrangeiro e 14 prêmios Goya, entre eles os de Melhor Filme, Melhor Diretor, Melhor Ator, Melhor Atriz e Melhor Roteiro Original.

permanecendo em coma, graças à moderna tecnologia médica, durante 17 anos. O pai, assistindo ao sofrimento da filha, requereu autorização judicial para que fosse retirada a sonda que a nutria, pleiteando a prática da ortotanásia.

A polêmica tomou conta dos noticiários e dividiu a opinião pública. No mês de novembro de 2008, a Justiça italiana autorizou os médicos a não prosseguirem com a alimentação artificial, apesar das opiniões contrárias do Governo italiano, pressionado pelo Vaticano. Aos 09 de fevereiro de 2009, a jovem faleceu.

1.1 Histórico na legislação alienígena

Vários países já se debruçaram acerca do consentimento no homicídio. Em 1922, o artigo 143 do Código Penal russo autorizou expressamente o homicídio cometido por compaixão, a pedido do sujeito passivo.

O Uruguai, inspirado na doutrina do penalista espanhol Jiménez de Asúa, em 1º de agosto de 1934, incluiu a possibilidade da eutanásia no artigo 37 do Código Penal, ainda em vigor, autorizando o "homicídio piedoso", desde que preenchidos três requisitos: ter antecedentes honráveis; ser realizado por motivo piedoso; a vítima ter feito reiteradas súplicas.[7] Em 1942, o Peru, seguindo os passos da legislação uruguaia, legalizou o homicídio piedoso no artigo 157 do seu Código Penal.[8]

Nesse sentido, citamos novamente passagem da obra *Direito de matar*, de Menezes:

---

[7] "Art. 37. (Del homicídio piadoso)
Los Jueces tiene la facultad de exonerar de castigo al sujeto de antecedentes honorables, autor de un homicídio, efectuado por móviles de piedad, mediante súplicas reiteradas de la víctima.
(...)
Art. 127. (Del perdón judicial)
Los Jueces pueden hacer uso de esta facultad en los casos previstos en los artículos 36, 37, 39, 40 y 45 del Código.
(...)
Art. 315. (Determinación o ayuda al suicídio)
El que determinare al otro al suicídio o le ayudare a cometerlo, si ocurriere la muerte, será castigado con seis meses de prisión a seis años de penitenciaría.
Este máximo puede ser sobrepujado hasta el limite de doce años, cuando el delito se cometiere respecto de un menor de dieciocho años, o de un sujeto de inteligência o de voluntad deprimidas por enfermedad mental o por el abuso del alcohol o de uso de estupefacientes."

[8] Atualmente o código penal peruano tipifica o homicídio piedoso no art. 122, com pena "não maior que três anos".

Em 1903, na Alemanha, tentou-se legitimar a eutanásia no Parlamento de Saxônia, que a repudiou...

Aliás, em 1903, no congresso médico promovido por uma sociedade de medicina de Nova York, e em 1905 em outro congresso médico reunido em Long Beach, foi discutido esse mesmo aspecto da eutanásia. Também se ocupou da morte libertadora, sem contudo aprová-la, o Parlamento de Iowa (...).

O Código Penal soviético de 1922 diz textualmente: "O homicídio cometido por compaixão, a pedido de quem é morto, está isento de pena". Aliás, nesse mesmo ano, na Rússia, foram fuziladas 117 crianças que se achavam num hospital agonizando, gravemente envenenadas, com o objetivo, segundo um jornal bolchevista, de libertá-las de atrozes sofrimentos.

O Código Penal do Peru, de 1942 — refere ASÚA —,seguindo um sistema indireto, muito freqüente em seus artigos, e pondo em mãos do juiz o mais amplo arbítrio, faculta que a instigação ou ajuda altruísta ou piedosa ao suicídio de outro fique impune, prescrevendo: "O que por um móvel egoísta instigar a outro ao suicídio ou o ajudar a cometê-lo, será reprimido, se o suicídio se houver consumado ou tentado, com penitenciária ou com prisão até cinco anos". Portanto, quando o móvel que guiou o auxiliador é um motivo altruísta ou de compaixão, parece fora de dúvida que a penalidade não pode recair sobre ele.[9]

Em 1996, os Territórios do Norte da Austrália aprovaram uma lei que possibilitava a eutanásia. A legislação foi revogada em março de 1998, após a morte de quatro pessoas.

Atualmente, os artigos 293 e 294 do Código Penal holandês despenalizam o agente nos casos de eutanásia. Demonstrando os efeitos práticos da eutanásia, suicídio assistido e overdose de morfina na Holanda, o baiano Gamil Föppel salientou:

> Apenas a título de ilustração, deve-se ter em mente a realidade da Holanda, país pioneiro na legalização da eutanásia. Pode-se constatar que "em 1990, na Holanda ocorreram 11.800 mortes por eutanásia, suicídio assistido e overdose de morfina, perfazendo uma participação de 9% na mortalidade do país".[10]

---

[9] MENEZES. *Direito de matar*, p. 48-49.
[10] FÖPPEL, Gamil. *Tutela penal da vida humana*. Disponível em: <http://www.msmidia.com/mat/artigos/18.pdf>. Acesso em: 12 maio 2009.

Verifica-se, pelos dados colacionados pelo autor,[11] que as práticas supramencionadas, em 1990, foram responsáveis por 9% das mortes no país, demonstrando-se que a legalização incentivou as mortes. Já o legislador alemão não pune a participação em suicídio. Entretanto, pune o "homicídio a pedido", no artigo 216 do Código Penal, traduzido para o português da seguinte forma:[12] "Se o autor foi determinado a realizar o homicídio por pedido expresso e sério de que foi morto, será imposta pena privativa de liberdade de seis meses a cinco anos. A tentativa é punível".

---

[11] Transcrevemos trecho dos estudos colacionados por Gamil Föppel: "A Holanda pode, efetivamente, servir de paradigma para a nova política criminal mundial. A respeito da eutanásia, foi o primeiro país a legalizá-la, conforme noticiou o jornal Zero Hora: 'A Holanda tornou-se ontem o primeiro país do mundo a legalizar a eutanásia. Por 46 votos a favor e 28 contra, o Senado aprovou a lei que permitirá aos médicos abreviar a vida de doentes terminais. Do lado de fora do parlamento, com sede em Haia, cerca de 10 mil manifestantes protestaram contra a aprovação da lei, que já havia passado pela Câmara dos Deputados em novembro de 2000. Eles cantavam hinos religiosos e liam passagens da Bíblia. Apesar dos protestos, pesquisas indicam que cerca de 90% dos holandeses apóiam a eutanásia. A nova legislação, que deverá entrar em vigor em meados do ano, formalizará uma prática que já vinha sendo adotada há décadas em hospitais holandeses. – Isso permitirá que as pessoas façam suas próprias escolhas – elogiou Tamora Langley, da Voluntary Euthanasia Society, uma organização britânica pró-eutanásia. Os médicos terão que obedecer regras rigorosas para praticar a eutanásia (veja no quadro abaixo). O caso também deve ser submetido ao controle de comissões regionais encarregadas de fiscalizar se os requisitos foram cumpridos. As comissões serão integradas por um médico, um jurista e um especialista em ética. Os menores de idade, entre 12 e 16 anos, também poderão recorrer à eutanásia, desde que tenham o consentimento de seus pais. Segundo a nova lei, a prática só poderá ser realizada por médicos que acompanhem de perto — e há muito tempo — a saúde de seus pacientes. A nova lei também permite que pacientes deixem um pedido por escrito. Isso dará aos médicos o direito de usar seus próprios critérios quando seus pacientes não puderem mais decidir por eles mesmos por conta de doenças. O texto da lei foi aprovado oficialmente ontem, mas, na prática, a eutanásia já era tolerada sob condições especiais desde 1997. Apenas no ano passado, houve 2.123 casos oficiais de eutanásia na Holanda — 1.893 doentes de câncer pediram a um médico que terminasse com suas vidas, o que representa 89% do total das eutanásias realizadas no país em 2000. Depois, aparecem pacientes com doenças neurológicas, pulmonares e cardiovasculares. Nas semanas que precederam o debate da lei, o Senado recebeu mais de 60 mil cartas, a maioria delas pedindo que os parlamentares votassem contra a aprovação da lei. O grupo contrário à eutanásia Cry for Life, por exemplo, juntou 25 mil assinaturas em um abaixo-assinado. Egbert Schuurman, parlamentar da União Cristã, classificou a aprovação da lei de 'erro histórico'. – Ser o primeiro país a legalizar a eutanásia é algo para se ter vergonha – disse Schuurman. As organizações contrárias à prática alegam motivos religiosos e éticos. Ontem, cerca de 8 mil pessoas se reuniram em frente ao Senado, em um protesto silencioso contra a aprovação da medida. A manifestação foi convocada por uma organização que agrupa 30 associações religiosas. – Somos contra o assassinato deliberado de pacientes – disse Alex van Vuren, do grupo Cry For Life'" (Disponível em: <http://www.msmidia. com/mat/artigos/18.pdf>).

[12] ROXIN. *Estudos de Direito Penal*, p. 238.

Segundo estudos elaborados por Hans Joaquim Hirsch,[13] atualmente não há previsão de privilégio para o homicídio a pedido nas legislações da Bélgica, Bulgária, França, ex-Iugoslávia, ex-União Soviética, Turquia, Hungria e Inglaterra, existindo norma concebendo o consentimento como tipo privilegiado na Dinamarca, Finlândia, Grécia, Groenlândia, Islândia, Países Baixos, Áustria, Romênia e Suíça. Já na Espanha, em Portugal e no Japão, o privilégio do homicídio consentido é tratado em conjunto com o auxílio ao suicídio.

1.2 Histórico na legislação brasileira

O Código do Império não tratou sequer do consentimento, encontrando-se previsto pela primeira vez, no Direito brasileiro, no artigo 26, "c", do Código Penal Republicano, de 1890, com a seguinte redação: *Não derimem nem excluem a intenção criminosa: o consentimento do offendido, menos nos casos em que a lei só a elle permitte a acção criminal.*[14] Ou seja, restringia-se às hipóteses em que o sujeito passivo seria o autor da ação penal, ou seja, não passava de mera autorização para o não ajuizamento da queixa-crime. A Consolidação das Leis Penais — Decreto nº 22.213, de 14 de dezembro de 1932 — repetiu a redação do dispositivo previsto no artigo 26, "c", do Código Penal Republicano.

Em seguida, o Código Penal de 1940 é omisso em relação ao consentimento como instituto autônomo. Da mesma forma, o Código Penal de 1969, que não entrou em vigor, também não previu o consentimento.

Já o Anteprojeto de Reforma da Parte Especial do Código Penal, de 1984, isentava de pena o "médico que, com o consentimento da vítima, ou, na sua impossibilidade de ascendente, descendente, cônjuge ou irmão, para eliminar-lhe o sofrimento, antecipa a morte iminente e inevitável, atestada por outro médico". Entretanto, o texto não foi submetido ao Congresso Nacional.

A última alteração da Parte Geral, através dos trabalhos da comissão formada pelos eminentes professores Francisco de Assis Toledo, Dínio de Santis Garcia, Jair Leonardo Lopes e Miguel Reale Júnior, culminou com a Lei nº 7.209/84, porém, não tratou expressamente do consentimento, por não pretender adotá-lo como matéria da Parte Geral, ou seja, entre as causas de justificação.

---

[13]   Cf. HIRSCH. *Derecho penal*: obras completas, p. 100-101.
[14]   BRASIL. *Código Penal Republicano*. Disponível em: <http://www.ciespi.org.br/base_legis/legislacao/DEC20a.html>.

Traçando um histórico do consentimento no homicídio no Direito brasileiro, Renato Flavio Marcão salienta:

Entre nós, seguindo a linha do Código Criminal do Império (1830), o Código Penal Republicano, mandado executar pelo Dec. 847, de 11.10.1890, não contemplou qualquer disposição relacionada ao homicídio caritativo, e destacou em seu art. 26, c: "Não dirimem nem excluem a intenção criminosa, o consentimento do ofendido, menos nos casos em que a lei só a ele permite a ação criminal". Por sua vez, a Consolidação das Leis Penais, Código Penal brasileiro completado com as leis modificadoras então em vigor, obra de Vicente Piragibe (cf. Saraiva & Cia. Editores, Rio de Janeiro, 1933), aprovada e adaptada pelo Dec. 22.213, de 14.12.1932, em nada modificou o tratamento legal anteriormente dispensado ao tema, conforme seu Título X, que tratou "Dos crimes contra a segurança da pessoa e vida" (arts. 294/314). Também não estabeleceu atenuante genérica relacionada ao assunto, conforme se infere da leitura de seu art. 42, ou outro benefício qualquer.

Como escreveu Hungria (*op. cit.*, p. 125), o Projeto Sá Pereira, no art. 130, n. IV, incluía entre as atenuantes genéricas a circunstância de haver o delinqüente cedido "à piedade, provocada por situação irremediável de sofrimento em que estivesse a vítima, e às súplicas", e, no art. 189, dispunha que "àquele que matou alguém nas condições precisas do art. 130, n. IV, descontar-se-á por metade a pena de prisão em que incorrer, podendo o Juiz convertê-la em detenção". No Projeto da Subcomissão Legislativa (Sá Pereira, Evaristo de Morais, Bulhões Pedreira), já não se contemplava expressamente o homicídio compassivo como *delictum exceptum*, mantendo-se, entretanto, a atenuante genérica que figurava no inc. IV do art. 130 do Projeto anterior. Também o atual Código (Dec.-Lei 2.848/40) não cuida explicitamente do crime por piedade.

As alterações introduzidas pelas Leis 6.416/77 e 7.209/84 não trataram do assunto em questão.

Por sua vez, o Anteprojeto de Código Penal em estudo pela Comissão encarregada de introduzir mudanças na Parte Especial do Código em vigor, ao tratar do homicídio no art. 121, dispõe no §3.º: "Se o autor do crime é cônjuge, companheiro, ascendente, descendente, irmão ou pessoa ligada por estreitos laços de afeição à vítima, e agiu por compaixão, a pedido desta, imputável e maior de dezoito anos, para abreviar-lhe sofrimento físico insuportável, em razão de doença grave e em estado terminal, devidamente diagnosticados: Pena – reclusão, de dois a cinco anos". Já no §4.º estabelece: "Não constitui crime deixar de manter a vida de alguém por meio artificial, se previamente atestada por dois médicos a morte como iminente e inevitável, e desde que haja consentimento do paciente ou, em sua impossibilidade, de cônjuge, companheiro, ascendente, descendente ou irmão". Regula, assim, a eutanásia e a ortotanásia, respectivamente.[15]

Aos 28 de novembro de 2006, o Conselho Federal de Medicina publicou a Resolução nº 1.805/2006, autorizando os médicos a limitar ou suspender tratamentos e procedimentos que prolongassem a vida do doente, respeitada sua vontade ou do representante legal.[16]

A resolução foi suspensa aos 23 de outubro de 2007, por decisão liminar do MM. Juiz Dr. Roberto Luis Luchi Demo, nos autos da Ação Civil Pública nº 2007.34.00.014809-3, da 14ª Vara Federal de Brasília, movida pelo Ministério Público Federal. Em junho de 2009, o Ministério Público Federal mudou seu posicionamento, entendendo pela legalidade da resolução e requerendo a extinção do processo. A sentença, proferida aos 01.12.2010, julgou o pedido inicial improcedente.[17]

No dia 13 de abril de 2010, entrou em vigor o novo Código de Ética Médica,[18] atualizando regras e princípios no exercício da profissão médica. Dentre as novidades, há o reconhecimento da finitude da vida, legitimando a ortotanásia, que consiste na morte sem dor, respeitando-se a dignidade da pessoa humana. Consequentemente, condenou a distanásia, ou seja, a perpetuação artificial e dolorosa da vida humana, gerando sofrimento ao doente, com a finalidade exclusiva de assegurar a sobrevivência, e a eutanásia, caracterizada pela utilização de técnicas para encurtar a vida, ensejando a morte do paciente. Adotou-se a teoria do duplo efeito, ou seja, o bem-estar do paciente e a renúncia ao

---

[15] MARCÃO. Homicídio eutanásico: eutanásia e ortotanásia no anteprojeto de Código Penal. Disponível em: <http://jus2.uol.com.br/doutrina/texto.asp?id=2962>.

[16] RESOLUÇÃO CFM Nº 1.805/2006 (Publicada no *DOU*, 28 nov. 2006, Seção I, p. 169)
"(...)
RESOLVE:
Art. 1º É permitido ao médico limitar ou suspender procedimentos e tratamentos que prolonguem a vida do doente em fase terminal, de enfermidade grave e incurável, respeitada a vontade da pessoa ou de seu representante legal.
§1º O médico tem a obrigação de esclarecer ao doente ou a seu representante legal as modalidades terapêuticas adequadas para cada situação.
§2º A decisão referida no caput deve ser fundamentada e registrada no prontuário.
§3º É assegurado ao doente ou a seu representante legal o direito de solicitar uma segunda opinião médica.
Art. 2º O doente continuará a receber todos os cuidados necessários para aliviar os sintomas que levam ao sofrimento, assegurada a assistência integral, o conforto físico, psíquico, social e espiritual, inclusive assegurando-lhe o direito da alta hospitalar. (...)" CONSELHO FEDERAL DE MEDICINA. Resolução nº 1.805/2006, p. 169.

[17] Andamento processual disponível em: <http://processual.trf1.gov.br/>.

[18] CONSELHO FEDERAL DE MEDICINA. Código de Ética Médica – Resolução nº 1.931/2009. Disponível em: <http://www.portalmedico.org.br/novoportal/index5.asp>.

prolongamento exagerado do processo de morrer, privilegiando-se a vida com qualidade e a morte ao seu tempo natural.

O mais recente projeto de lei autorizando a eutanásia no Brasil foi o de nº 125/96, de autoria do Senador Gilvam Borges, do PMDB do Amapá. O projeto permitia a eutanásia, desde que uma junta de cinco médicos atestasse a inutilidade do sofrimento físico ou psíquico do doente e houvesse requisição do paciente ou de seus parentes próximos se inconsciente. O projeto, porém, foi arquivado no final de 2002, de acordo com o artigo 332 do Regimento Interno do Senado.[19]

A Comissão encarregada de elaborar o atual Anteprojeto da Parte Especial do Código Penal pretende incluir uma causa de diminuição de pena na hipótese de eutanásia ativa, passando a pena para três a seis anos de reclusão:

Art. 121.

§3º. Se o autor do crime agiu por compaixão, a pedido da vítima, imputável e maior, para abreviar-lhe sofrimento físico insuportável, em razão de doença grave.

Pena – Reclusão de três a seis anos.[20]

Ainda, prevê a ortotanásia, que visa aliviar a dor ainda que antecipe a morte, como excludente de ilicitude, ao dispor em seu artigo 121, §4º:

Art. 121.

§4º. Não constitui crime deixar de manter a vida de alguém por meio artificial, se previamente atestada por dois médicos a morte como iminente e inevitável, e desde que haja consentimento do paciente, ou na sua impossibilidade, de ascendente, descendente, cônjuge, companheiro ou irmão.

Nesse sentido, o relatório da comissão:

A comissão, sensível às circunstâncias, como recomendam os princípios do Direito Penal da Culpa, a fim de a individualização da pena considerar pormenores relevantes, sugere explicitar a — eutanásia — tornando-a causa de diminuição de pena, dado o agente agir por

---

[19] Cf. BRASIL. Senado Federal. *Regimento Interno*. Disponível em: <http://www.senado.gov.br/legislacao/regsf/RegSFVolI.pdf>.

[20] BUZAGLO. *Eutanásia*. Disponível em: <http://www.anpr.org.br/portal/components/com.../Artigo_EutanasiaCNCelivro.doc>. Acesso em: 17 ago. 2010.

compaixão, a pedido da vítima, imputável e maior, para abreviar-lhe sofrimento físico insuportável, em razão de doença grave. De outro lado, exclui a ilicitude da conduta de quem, em circunstâncias especificadas, "deixa de manter a vida de alguém por meio artificial, quando a morte for iminente e inevitável". Essa figura corresponde à ortotanásia.

Também tramita no Senado Federal, desde 2000, o Projeto de Lei nº 116/00,[21] de autoria do Senador Gerson Camata, legalizando a ortotanásia. Em 2003, o então Relator da matéria, Senador José Maranhão, apresentou relatório concluindo pela inconstitucionalidade da proposição, que não chegou a ser votada pelo Senado. No final de 2005, a proposição foi arquivada. Contudo, a matéria foi desarquivada em razão do Requerimento nº 176, de 2007, apresentado pelo Senador Gerson Camata e mais 26 Senadores. Em decorrência da renúncia do Senador José Maranhão para ocupar o cargo de Governador do Estado da Paraíba, a relatoria passou para o Senador Augusto Botelho. Aos 17 de setembro de 2009, o Senado realizou audiência pública com a presença de médicos, advogados, especialistas em bioética, dentre outros interessados. Submetida a votação, a matéria foi aprovada pela Comissão de Constituição, Justiça e Cidadania.

Os Deputados Dr. Talmir e Miguel Martini apresentaram, aos 02 de dezembro de 2009, o Projeto de Lei nº 6.544/2009,[22] que dispõe sobre cuidados devidos a pacientes em fase terminal de enfermidade. O projeto estabelece que, em havendo manifestação favorável do paciente em fase terminal de enfermidade, ou na sua impossibilidade, de sua família

---

[21] TEXTO FINAL APROVADO PELA COMISSÃO DE CONSTITUIÇÃO, JUSTIÇA E CIDADANIA
PROJETO DE LEI DO SENADO Nº 116, DE 2000
Altera o Decreto-Lei nº 2.848, de 7 de dezembro de 1940 (Código Penal), para excluir de ilicitude a ortotanásia.
O CONGRESSO NACIONAL decreta:
Art. 1º O Decreto-Lei nº 2.848, de 7 de dezembro de 1940 (Código Penal), passa a vigorar acrescido do seguinte art. 136-A:
"Art. 136-A. Não constitui crime, no âmbito dos cuidados paliativos aplicados a paciente terminal, deixar de fazer uso de meios desproporcionais e extraordinários, em situação de morte iminente e inevitável, desde que haja consentimento do paciente ou, em sua impossibilidade, do cônjuge, companheiro, ascendente, descendente ou irmão.
§1º A situação de morte iminente e inevitável deve ser previamente atestada por 2 (dois) médicos.
§2º A exclusão de ilicitude prevista neste artigo não se aplica em caso de omissão de uso dos meios terapêuticos ordinários e proporcionais devidos a paciente terminal."
Art. 2º Esta Lei entra em vigor após decorridos 180 (cento e oitenta) dias de sua publicação oficial. BRASIL. Senado Federal. Disponível em: <http://www.senado.gov.br/atividade/materia/default.asp>.
[22] A íntegra do projeto encontra-se disponível em: <http://www2.camara.gov.br/proposicoes>.

ou de seu representante legal, é permitida a limitação ou suspensão, pelo médico, de procedimentos e tratamentos desproporcionais ou extraordinários destinados a prolongar artificialmente a vida. Mesmo nesses casos, o paciente continuará a receber todos os cuidados básicos, normais ou ordinários necessários à manutenção da sua vida e de sua dignidade, bem como os cuidados paliativos necessários a aliviar o sofrimento, assegurados a assistência integral, o conforto físico, psíquico, social e espiritual, inclusive o direito de alta hospitalar.

O projeto foi apensado ao de nº 3.002/2008,[23] de autoria do Deputado Hugo Leal do PSC do Rio de Janeiro, que pretende regulamentar a prática da ortotanásia no Brasil, isentando os médicos, auxiliares de saúde e demais profissionais que participarem da prática da ortotanásia, estritamente na forma prescrita pela lei, de qualquer responsabilidade civil ou criminal. O projeto permite ao médico assistente a prática da ortotanásia, mediante solicitação expressa e por escrito do doente ou seu representante legal. A solicitação formulada pelo paciente ou seu representante legal e endossada pela junta médica especializada será submetida à apreciação do Ministério Público, para avaliação da regularidade e legalidade do procedimento de solicitação. A prática de ortotanásia somente será efetuada após decisão favorável do Ministério Público.

Submetidos à Comissão de Seguridade Social e Família, sob a relatoria do Deputado José Linhares, os Projetos de Lei nºs 6.715/09, 3.002/08, 5.008/09 e 6.544/09 foram aprovados na forma de substitutivo, aos 08 de dezembro de 2010. Aos 13 de julho de 2011, a Comissão de Constituição e Justiça e de Cidadania (CCJC) aprovou requerimento para realização de audiência pública.[24]

Assim, a partir desse histórico, constatamos que a regulamentação da ortotanásia tem sido objeto de diversas proposições legislativas, audiências públicas e acalorados debates na imprensa.[25]

---

[23] A íntegra do projeto encontra-se disponível em: <http://www2.camara.gov.br/proposicoes>.

[24] Andamento processual disponível em: <http://www.camara.gov.br/proposicoesweb>.

[25] Citem-se, como exemplos, os artigos publicados no jornal *Folha de S.Paulo*, 26 dez. 2009. Caderno Opinião, A3.

CAPÍTULO 2

CONSENTIMENTO

2.1 Conceito

O vocábulo "consentimento" origina-se do latim *consentire*. Na língua portuguesa, a palavra significa "permitir; sofrer; tolerar; tornar possível; concordar com; aprovar; admitir; *int.* aprovar; *t-rel.* deixar, dar lugar a; permitir; admitir; *rel.* anuir; concordar; condizer; estar em harmonia".[26] No mesmo sentido, a definição encontrada no *Dicionário brasileiro da língua portuguesa*:

> Consentimento, s.m. (consentir + -mento). 1. Ato de consentir; anuência; aquiescência, permissão. 2. Concordância de idéias. 3. Acordo. 4. Tolerância.[27]

No Direito Penal, Welzel o define nos seguintes termos:

> O consentimento de acordo com o fato (não simples deixar de fazer) contém a renúncia à proteção do direito. Tal renúncia pode prestá-la somente quem seja único titular do interesse juridicamente protegido. Onde conjuntamente estão protegidos interesses públicos, o consentimento pessoal do interessado carece de efeito. O consentimento por si só não pode justificar. Certamente, se o direito penal fosse unicamente um direito de proteção de bens, então deveria eliminar-se, sem mais, a antijuridicidade com o desprendimento do interesse protegido por parte do lesionado. Isto mostra, também, a teoria da proteção de bens. Por exemplo, Mezger, pág. 209 (a chamada teoria da direção da vontade).

---

[26] FERREIRA. *Pequeno dicionário brasileiro da língua portuguesa*, p. 315.
[27] SILVA; AZEVEDO. *Dicionário brasileiro da língua portuguesa*, p. 470.

Contudo, como o injusto penal não se esgota na mera lesão de bens, mas que é uma ação ético-socialmente intolerável, o consentimento, como tal, não pode ser o tipo de justificação, mas somente o atuar sobre a base do consentimento dado.[28]

Podemos defini-lo como a disposição livre e espontânea do sujeito passivo, titular do bem jurídico, que abdica da tutela penal, exercendo sua liberdade e autonomia individual.

O Código Penal brasileiro em vigor não contém previsão expressa do consentimento. Constitui-se matéria de debate doutrinário, tendo como fonte de inspiração o Código Penal italiano, que prevê em seu artigo 50: "Non è punibile chi lede o pone in pericolo un diritto, col consenso della persona che puo' validamente disporne".[29]

Em regra, a eficácia do consentimento fundamenta-se no princípio da ponderação e no bem jurídico,[30] analisando-se a liberdade do sujeito passivo, o desvalor da ação e o resultado lesivo. Aplica-se quando o direito individual à liberdade prepondera sobre o interesse público.

Tratando do consentimento no direito espanhol, leciona José Cerezo Mir:

> El consentimiento como causa de justificación está sólo regulado expresamente en el delito de lesiones corporales (art. 156). En las demás figuras delictivas en que el portador del bien jurídico protegido es un individuo (una persona física o una persona jurídica) es un problema de interpretación el determinar si es aplicable o no el consentimiento como causa de justificación. Lo será unicamente si nuestro Derecho concede mayor valor a la libertad de actuación de la voluntad que al desvalor de al acción y el desvalor del resultado de la acción o omisión típica. La ponderación de valores no es tarea fácil, salvo cuando halla expresión de algún modo en el proprio Código. Este es el caso en los delitos contra la vida humana independiente de la punición del homicídio consentido em el art. 143, 3, y 4 se deduce claramente la irrelevância del consentimiento como causa de justificación en estos delitos.[31]

Ao longo do tempo, diversas teorias foram construídas a fim de legitimar o consentimento. Nos primórdios da humanidade, sendo causada a morte, ocorria a reação do sujeito passivo, seus parentes e

---

[28] WELZEL. *Direito Penal*, p. 150-151.

[29] "Não é punível quem ofende ou põe em perigo um direito, com o consentimento da pessoa que dele pode validamente dispor" (BRUNO. *Direito Penal*, t. II, p. 9, tradução nossa).

[30] SALES. *Escritos de Direito Penal*, p. 127.

[31] CEREZO MIR. *Derecho penal*: parte general, p.767-768.

até mesmo de sua tribo, atingindo não só o ofensor como também seu grupo. O sujeito passivo, dominado por seus instintos, reagia à agressão, sem sequer se preocupar com a proporção da reação, sendo as normas das tribos empíricas e costumeiras.

Com o desenvolvimento do Direito Penal, o Estado monopolizou o poder-dever de punir. Assim, o sujeito passivo passou a ocupar posição secundária na Teoria do Delito, sendo visto como hipossuficiente e em situação de inferioridade perante o autor do fato, enfraquecendo a análise do consentimento.

No século XX, o estudo do sujeito passivo ganhou importância, em especial com o desenvolvimento da Vitimodogmática, responsável pela análise do comportamento da vítima na determinação da responsabilidade penal do autor, o que ensejou o fortalecimento do consentimento. A Vitimologia constatou que nem sempre a vítima apresenta uma posição passiva frente ao crime. Pelo contrário, em inúmeras hipóteses, o sujeito passivo pode ser corresponsável ou único responsável pelo fato, a princípio, delituoso.

Nesse sentido, a reforma da Parte Geral do Código Penal brasileiro, Lei nº 7.209/84, no seu artigo 59,[32] tratou expressamente do comportamento do sujeito passivo como circunstância que pode alterar a dosagem da pena.

Criou-se uma nova perspectiva na discussão doutrinária penal, partindo-se do pressuposto de que ofensor e sujeito passivo se inter-relacionam para a prática delitiva. Essa visão político-criminal permite a diminuição ou até mesmo a exclusão da responsabilidade penal, conforme o comportamento do titular do objeto tutelado pela norma.

Nesse sentido, o estudo do consentimento assumiu maior relevância, inclusive legitimando condutas inicialmente reprováveis à luz da legislação penal.

Provavelmente, a primeira menção encontra-se na passagem do *Digesto* de Ulpiano (D. 47, 10 de iniur. 1. 1 §5), que dispunha: *nulla iniuria est quae in volentem fiat*, ou seja, "o que se faz com a vontade do lesado não constitui injusto".[33]

---

[32] "Art. 59 – O juiz, atendendo à culpabilidade, aos antecedentes, à conduta social, à personalidade do agente, aos motivos, às circunstâncias e conseqüências do crime, bem como ao comportamento da vítima, estabelecerá, conforme seja necessário e suficiente para reprovação e prevenção do crime: (...)".

[33] ULPIANO. Libro XLVII, tit. X, 1, Ulpianus 5 citado por COUSIÑO MAC IVER. *Derecho penal chileno*, p. 506.

Feuerbach,[34] um dos primeiros a escrever sobre o tema, entendia-o como uma permissão, ou seja, anuência à ação proibida. Ao elaborar um Código Penal para o Reino da Baviera, Feuerbach dispôs expressamente acerca do consentimento, em seu artigo 123, com a seguinte redação:

> Una acción prohibida bajo una pena no será impune ni penada en menor grado en razón del permiso otorgado tácita o expresamente por el perjudicado. Las acciones que se dirigen sólo a la perdida de la propriedad o a su perjuicio sin peligro alguno, serán impunes por el otorgamiento de permiso del perjudicado.[35]

Já Zitelmann desenvolveu a Teoria do Negócio Jurídico, adotada posteriormente por Frank, inserindo conceitos do Direito Civil no âmbito penal, conforme leciona María José Segura García:

> El consentimiento, entiende Zitelmann, es un acto jurídico de naturaleza negocial mediante el cual se concede una autorización al destinatário para realizar la acción. Éste ejercita, pues, un derecho ajeno que es atribuido por aquella autorización, y su conducta estará justificada frente a todo el ordenamiento jurídico. Las normas reguladoras del consentimiento pertencen al derecho civil y su regulación legal se deduce de la causa de justificación, exercício legítimo de un derecho. Lógicamente, el consentimiento se debe someter a las exigências de validez requeridas por el Derecho civil y, de no concurrir, el consentimiento no será eficaz.[36]

O consentimento era uma manifestação de vontade do particular, autorizando o sujeito ativo a cumprir o fato consentido. A teoria apresentava falhas gritantes: confundia manifestação de vontade e negócio jurídico, sendo que este apenas produz efeitos se em harmonia com o ordenamento jurídico. Além disso, pecava por conceder ao Direito Penal um aspecto de interesse meramente privado, com a única finalidade de evitar a punição por ações que violavam a ordem jurídica.

Bierling[37] desenvolveu a Teoria da Ação Jurídica, segundo a qual os bens jurídicos somente são protegidos enquanto o titular os valora. Assim, se o titular renuncia ao bem, a conduta do agente torna-se lícita. A

---

[34] Nesse sentido, PIERANGELI. *O consentimento do ofendido*. 3. ed., p. 74.

[35] FEUERBACH *apud* ARMAZA GALDÓS. La eximente por consentimiento del titular del bien jurídico, p. 110.

[36] SEGURA GARCÍA. El consentimiento del sujeto pasivo en los delitos contra bienes jurídicos individuales, p. 836.

[37] Citado por PIERANGELI. *O consentimento do ofendido*. 3. ed., p. 79.

teoria foi retomada por Mezger[38] com o nome de Ausência de Interesse. Entretanto, limitou-a às hipóteses em que o titular do bem jurídico o abandona conscientemente. Para Mezger, ocorrendo o consentimento, desaparece o interesse na proteção do bem. A posição de Mezger mereceu as ponderadas críticas de Julio Armaza Galdós:

> No valen las palabras de Mezger, a pesar de todo, para el supuesto siguiente: un padre de família, aterido por el sufrimiento que la ceguera hace padecer a su hijo, decide donar una de sus córneas para que éste recupere la visión. La operación practicada por el cirujano, que dejó mutilado al padre, únicamente se justificará por el consentimiento si concurren los requisitos exigidos por ley. Nunca podrá decirse, sin embargo, que el progenitor abandonó su interés por gozar plenamente de la visión, pues en realidad lo sacrificó, a su pesar, para posibilitar outro que consideró también importante. La tesis de Mezger, en suma, no garantiza un sustento válido para los supuestos de la índole señalada y es, por lo mismo, incompleta.[39]

Já Welzel[40] desenvolveu a Teoria da Renúncia à Tutela Jurídica, entendendo o consentimento como um acordo em que o sujeito passivo renuncia à proteção da norma, tendo sua validade limitada aos bons costumes. Mais uma vez, o sujeito passivo é incumbido da seleção dos valores a serem tutelados pelo Direito Penal.

Verifica-se que as posições que privilegiam com exclusividade a autodeterminação não tutelam o bem jurídico penal, e sim a "vontade" do sujeito passivo. Ao concederem ao indivíduo poder absoluto para definir os objetos de tutela penal, criam uma espécie de Direito Penal com base na vontade de cada sujeito passivo. Ademais, pecam por deixar de proteger o indivíduo contra si mesmo. No caso do homicídio, por exemplo, não valoram a vida humana, mas a "vontade" de mantê-la.

Ademais, o poder-dever de punir é uma obrigação estatal, já que o Direito Penal visa a proteção dos bens jurídicos selecionados conforme os valores fundamentais para o indivíduo e a sociedade. Logo, conceder ao indivíduo poder para alterar o objeto de proteção do Direito Penal é desconsiderar a sua função.

Atualmente, prevalece o entendimento segundo o qual o consentimento constitui-se em uma cláusula geral, aplicável aos delitos

---

[38] SEGURA GARCÍA. El consentimiento del sujeto pasivo en los delitos contra bienes jurídicos individuales, p. 837.

[39] ARMAZA GALDÓS. La eximente por consentimiento del titular del bien jurídico, p. 118.

[40] WELZEL *apud* REISS. *Sobre o consentimento do sujeito passivo*, p. 22.

em que prepondera o interesse privado e restrito aos bens jurídicos disponíveis, ou seja, renunciáveis, em que o interesse em sua tutela é do particular, e não do Estado.

2.2 Formas do consentimento

Pelo consentimento, a pessoa a quem o crime prejudicará diretamente admite a sua prática, ou a anui. Decorre de ato unilateral do sujeito passivo. O consentimento deve ser exteriorizado, a fim de ser perceptível ao sujeito ativo. Entretanto, não se exige que seja expresso, apenas que seja reconhecível pelo agente. Portanto, é válido o consentimento tácito ou presumido, desde que percebido pelo sujeito ativo.

O consentimento expresso deve constar de declaração inequívoca, revestida de formalidades que imprimam validade à conduta. O tácito caracteriza-se pela prática de ato incompatível com a vontade de tutelar o bem jurídico, ou seja, inconciliável com o desejo de preservá-lo. Em síntese, o consentimento decorre de uma conduta anterior do sujeito passivo, interpretada objetivamente, que gera no agente a expectativa de que houve a renúncia à tutela jurídica, gerando uma legítima confiança de que aquela conduta não é oposta à vontade do titular do bem jurídico.

Fundamenta-se na confiança do agente de que a sua conduta não receberá a oposição do sujeito passivo, tendo em vista seu comportamento anterior. Imprescindível é que exista um nexo entre a conduta anterior do sujeito passivo e a posterior lesão ou perigo de lesão ao bem renunciado.

O consentimento presumido, portanto, é uma construção baseada em um juízo hipotético de renúncia ao bem jurídico, com base nos atos que dão a entender, inequivocamente, que se concedeu a aquiescência. O consentimento tácito admite todos os meios de prova. Para a sua comprovação, basta a aceitação do sujeito passivo da colocação em perigo, que gera uma probabilidade de produção do resultado lesivo.[41] Ou seja, exige-se que o sujeito passivo tenha um conhecimento claro do risco e de suas possíveis consequências.

Em cada caso concreto, considerando inclusive os usos locais, é que se apurará se o comportamento do sujeito passivo implicou a intenção de renunciar ao bem jurídico disponível. Na prática, a matéria

---

[41] No capítulo 7, apresentamos exemplos de consentimento tácito e indireto, como os casos de relação sexual com portador de HIV, transfusão de sangue envolvendo os seguidores da religião Testemunhas de Jeová, prática de esportes arriscados, dentre outras.

merece exame cauteloso, já que, se considerado, implica ausência de crime, desde que observados os requisitos a seguir elencados.

2.3 Validade do consentimento

Para a validade do consentimento, não se pressupõe uma exterioridade direta, podendo-se externar por qualquer forma, desde que haja o conhecimento do sujeito ativo para validá-lo. Deve ser exteriorizado por quem tenha a faculdade de disposição do bem, ou seja, pelo seu titular, não se aplicando, por exemplo, para os bens coletivos, cujo titular é o Estado.

Ademais, deve ser anterior ou concomitante à ação, já que é essencial ao elemento subjetivo do agente, ou seja, ciência do consenso e vontade de atuar conforme as diretivas do sujeito passivo. O consentimento posterior à ação não pode ser excludente, pois o bem já se encontra lesionado, havendo a consumação do delito. Exige-se que seja claro, espontâneo e não eivado de vícios da vontade, como por exemplo, erro, dolo e coação. Também tem que ser exteriorizado por um agente capaz nos termos da imputabilidade penal.

Nesse sentido, salienta Pierangeli:

> Diante disso, resulta óbvio que não se pode aceitar a idade de 14 anos como a mínima que possibilite a validade do consentimento do ofendido para fins de justificação. Estabelece o Código uma presunção júris et de jure de invalidade do consentimento, presunção que não admite prova em contrário. Resulta, portanto, meridianamente claro que o critério a ser seguido só pode ser o da idade estabelecida para a imputabilidade, ou seja, 18 anos, até porque os menores dessa idade ficam sujeitos às normas estabelecidas na legislação especial (art. 27). Adquire, pois, o indivíduo a sua capacidade penal aos 18 anos. Mas não a adquire tão-somente o imputado, mas, também, o consenciente, porquanto seria inadmissível que em um mesmo Código se estabelecesse duas idades para uma mesma capacidade penal, ou, por outras palavras, uma para a prática do fato e outra para consentir em fato que a justifique.[42]

Esse critério de idade não pode ser analisado como presunção absoluta, admitindo-se, excepcionalmente, que o agente demonstre que o sujeito passivo tinha pleno conhecimento da aquiescência, ou seja, capacidade de discernimento. Por exemplo, uma criança pode consentir que lhe seja aberta uma carta.

---

[42] PIERANGELI. *O consentimento do ofendido*: na teoria do delito. 3. ed., p. 138.

Obviamente, se o agente se equivoca quanto à idade do sujeito passivo, tratar-se-á de erro de tipo, aplicando-lhe o disposto no artigo 20 do Código Penal brasileiro.[43] Portanto, a presunção de irrelevância do consentimento por menor de 18 anos cede diante das peculiaridades do caso concreto, ainda que não viole os interesses da sociedade e os bons costumes, restringindo-se aos bens disponíveis e renunciáveis.

A norma penal tem como escopo a proteção de bens jurídicos,[44] os quais também funcionam como critério dogmático-interpretativo dos tipos penais.[45] Acerca dos bens jurídicos, prevalecem, atualmente, as teorias constitucionalmente orientadas, segundo as quais os critérios para a seleção de bens jurídico-penais encontram-se no Texto Constitucional. A atividade estatal orienta-se pelos valores constitucionalmente estabelecidos.[46]

As teorias constitucionalmente orientadas valorizam o Texto Constitucional, consagrando a dignidade da pessoa humana como fundamento da República. A atividade estatal vincula-se aos valores preservados pela Constituição. Dessa forma, o bem jurídico violado deve ter valor constitucional, exigindo-se, ainda, a necessidade da sanção. Portanto, legitimam a criminalização, tendo em vista a vinculação a um fundamento constitucional, analisando-o conforme a pessoa humana. O critério constitucional valoriza o interesse social da conduta, não se contentando com a violação da lei objetivamente, tendo como primado o valor que se busca proteger.

Salienta Lenio Luiz Streck:

> Há, nitidamente, uma crise que envolve a concepção de bem jurídico em pleno Estado Democrático de Direito. Urge, pois, um redimensionamento na hierarquia dos bens jurídicos como forma de adaptá-los à sua dignidade constitucional. Afinal, como bem lembra FIGUEIREDO DIAS, "os bens jurídicos protegidos pelo direito penal devem considerar-se concretizações dos valores constitucionais expressa ou implicitamente

---

[43] "Art. 20 – O erro sobre elemento constitutivo do tipo legal de crime exclui o dolo, mas permite a punição por crime culposo, se previsto em lei".

[44] A ideia de "bem jurídico" foi inicialmente desenvolvida por Birnbaum (1832/1834). Neste sentido: ANGULO. El consentimiento frente a los bienes jurídicos indisponibles, p. 325.

[45] SALES. *Escritos de Direito Penal*, p. 127.

[46] SALES. *Escritos de Direito Penal*, p. 130. Anota a penalista: "Ainda assim, registre-se, a idéia de tutelar penalmente tão-só valores de relevo constitucional explícito ou implícito não comporta correlativa obrigação para o legislador penal de criar tipos penais para a tutela de todos eles. Ulteriores critérios e princípios devem ser levados em consideração, tais como a extrema ratio, a ofensividade, o merecimento da pena, etc. Por isso, a concepção constitucionalmente orientada do objeto da tutela penal vem sendo reconhecida, de forma alargada, muitas vezes matizada, pela doutrina penal em todo o mundo".

ligados aos direitos e deveres fundamentais", hipótese a lhes garantir dignidade jurídico-penal.[47]

Protegendo os valores constitucionais, o Direito Penal objetiva assegurar as condições existenciais da sociedade. No entanto, nem todos os bens jurídicos tutelados pelo Direito Penal são de interesse preponderantemente público, ou seja, indisponíveis. Porém, não há um critério objetivo para se fazer a distinção entre bens indisponíveis e disponíveis, devendo-se analisar as normas vigentes no ordenamento jurídico, o momento histórico e os bons costumes, não se permitindo a disponibilidade de bens quando houver violação dos princípios morais da sociedade.

Logo, o consentimento incide apenas nos bens disponíveis em que a renúncia à tutela penal atinge preponderantemente o interesse individual. Havendo utilidade social na preservação do bem, o consentimento é irrelevante, tendo em vista a necessidade de preservação do interesse público.

No caso do consentimento no homicídio, resta-nos claro que o ordenamento jurídico não autoriza o sujeito passivo a dispor de sua vida, o que será demonstrado no capítulo 5 do presente trabalho.

Podemos resumir os requisitos para o consentimento válido da seguinte forma: concordância sem vícios de vontade, capacidade para consentir, admissibilidade jurídica da disponibilidade, anuência exercida antes ou durante a conduta do agente, conhecimento pelo causador da exposição a perigo ou lesão e atuação nos estritos limites da anuência. Leciona Francisco Muñoz Conde:

> Para que o consentimento possa viger como causa de justificação é necessário que ocorram determinados requisitos:
>
> a) Faculdade reconhecida pelo ordenamento jurídico a uma pessoa para que possa dispor validamente de determinados bens jurídicos próprios. Esta faculdade é questionável no que tange a certos bens jurídicos, como a vida ou a integridade física.
>
> b) Capacidade para dispor, que não deve necessariamente coincidir com a capacidade civil, mas que como esta exige faculdades intelectuais para compreender o alcance e significado de seus atos por parte de quem consente.

---

[47] STRECK. *Bem jurídico e Constituição*: da proibição de excesso (übermassverbot) à proibição de proteção deficiente (untermassverbot) ou de como não há blindagem contra normas penais inconstitucionais. Disponível em: <http://leniostreck.com.br>.

c) Qualquer vício essencial da vontade de quem consente (erro, coação, engano, etc.) invalida o consentimento.

d) O consentimento deve ser manifestado antes da comissão do fato e deve ser reconhecido por quem atua sob seu efeito. Qualquer espécie de erro sobre a existência do consentimento deve ser tratada conforme as regras gerais do erro nas causas de justificação.[48]

2.4 O consentimento como excludente de tipicidade

O consentimento excluirá a tipicidade nas hipóteses em que a discordância do sujeito passivo é elemento do tipo. Esses tipos exigem o dissentimento do sujeito passivo como elemento do núcleo do tipo. Ou seja, a violação da norma jurídica pressupõe a vontade contrária do sujeito passivo.

A ação somente é relevante se praticada contra a vontade do sujeito passivo, de maneira que, se houver o consentimento, não haverá tipicidade, restringindo-se a lesão ao ponto de vista objetivo. Dissertando acerca do tema, leciona Aníbal Bruno:

> Primeiro temos os casos em que um dos elementos do tipo é o não consentimento do titular do bem jurídico. Se este consente, o tipo não se configura e não existe crime, não por ausência de injusto, mas por ausência de tipicidade. Assim acontece no furto, por exemplo. Subtrair uma coisa importa em ação contrária à vontade do dono. Se este presta o seu consentimento não há subtração, mas retirada consentida da coisa.[49]

Nestes casos que geram a atipicidade, o consentimento é denominado "acordo".[50] Como exemplo, o tipo de furto previsto no artigo 155 do Código Penal brasileiro,[51] em que se exige a vontade contrária do agente. Se o proprietário do bem móvel consente na disposição daquele bem em prol do agente, não há furto, mas doação. O mesmo ocorre no delito de estupro, artigo 213 do Código Penal brasileiro,[52] em que o constrangimento é elemento essencial para a figura típica.

---

[48] CONDE. *Teoria geral do delito*, p. 120-121.

[49] BRUNO. *Direito Penal*, p. 19.

[50] Neste sentido: ZAFFARONI; PIERANGELI. *Manual de Direito Penal brasileiro*, p. 554.

[51] "Art. 155 – Subtrair, para si ou para outrem, coisa alheia móvel:
Pena – reclusão de 1 (um) a 4 (quatro) anos, e multa.

[52] Art. 213. Constranger alguém, mediante violência ou grave ameaça, a ter conjunção carnal ou a praticar ou permitir que com ele se pratique outro ato libidinoso: (Alterado pela L-012.015-2009)
Pena – reclusão, de 6 (seis) a 10 (dez) anos..

O mesmo ocorre no aborto provocado com o consentimento da gestante, em que há um deslocamento da figura típica do artigo 125[53] para o 126, *caput*,[54] ambos do Código Penal brasileiro, ensejando uma punição menor.

Salienta-se, ainda, a posição de Luis Jiménez de Asúa, citado por Pierangeli, para quem o consentimento só pode funcionar como excludente de tipicidade:[55]

> Asúa escreveu que as causas de justificação possuem um importantíssimo caráter geral, comum a todas as espécies de delito, razão pela qual não poderia o consentimento figurar entre eles, pois a sua aplicação está restrita a casos concretos, e, portanto, muito restritos. E, ademais, dizia ele, o consentimento faz destruir o tipo.[56]

2.5 O consentimento como excludente de ilicitude

O consentimento também pode atuar como excludente de ilicitude, sendo chamado de "consentimento em sentido estrito". Havendo tipicidade da conduta, o consentimento exclui a ilicitude desde que atue fora do tipo e represente a manifestação possível de renúncia à proteção penal. Se o tipo não exige que a ação dirija-se contra a vontade do sujeito passivo e este concede seu consentimento para que se lese um bem jurídico de sua livre disposição, exclui-se a ilicitude.

Como exemplo, temos o crime de dano ao patrimônio, elencado no artigo 163 do Código Penal brasileiro,[57] que não exige ausência de consentimento para sua adequação típica. Logo, ainda que haja a anuência na lesão, haverá tipicidade, embora possa excluir a ilicitude. Nesse caso, o consentimento não afasta a lesividade da conduta, havendo um aparente conflito entre a autodeterminação do sujeito passivo, que admite o dano ao bem jurídico, e a sua integridade. Há nítida lesão ao bem jurídico protegido, existindo, porém, um interesse

---

[53] Art. 125 – Provocar Aborto, sem o consentimento da gestante:
Pena – reclusão, de 3 (três) a 10 (dez) anos."

[54] "Art. 126 – Provocar Aborto com o consentimento da gestante:
Pena – reclusão, de 1 (um) a 4 (quatro) anos."

[55] No mesmo sentido: BENÍTEZ *et al. apud* SEGURA GARCÍA. El consentimiento del sujeto pasivo en los delitos contra bienes jurídicos individuales, p. 852.

[56] PIERANGELI. *O consentimento do ofendido*: na teoria do delito. 3. ed., p. 85.

[57] "Art. 163 – Destruir, inutilizar ou deteriorar coisa alheia:
Pena – detenção, de 1 (um) a 6 (seis) meses, ou multa."

individual do sujeito passivo em sua disponibilidade, capaz de excluir a ilicitude da conduta.

O consentimento como excludente de ilicitude encontra fundamento no princípio da ponderação de valores, devendo-se analisar a liberdade de atuação, o desvalor da ação e o resultado da lesão ao bem jurídico.

Acrescenta Guiseppe Maggiore:

> Lo cierto es que el Estado, en algunos casos – por motivos éticos —, le da importancia jurídica a la voluntad privada como excluyente del carácter antijurídico de un hecho. No hay necesidad de sacar de sus casillas al derecho privado y de mortificar la teoría del negocio jurídico, a la verdad demasiado controvertible, para legitimar y dosificar la facultad que tiene el Estado de no castigar, o de castigar menos al reo, cuando el agraviado consiente en el agravio.
>
> En forma sintética podemos decir que el consentimiento del derechohabiente constituye una institución autónoma de carácter penal, mediante la cual el Estado hace depender la exclusión de la antijuridicidad, del hecho de una declaración de voluntad por parte del titular del derecho violado.[58]

E, nas lições de Cousiño Mac Iver, citado por José Henrique Pierangeli:

> Cousiño Mac Iver, em seu tratado, examina o tema com invejável lucidez. Para este autor, o consentimento do ofendido deve ser examinado sob dois enfoques: como causa de exclusão da tipicidade e como causa de justificação. Exclui a tipicidade quando, da análise dos distintos tipos da Parte Especial dos Códigos, se extrai o consentimento como elemento expresso ou tácito da descrição típica. "En estas hipótesis, es evidente que la tipicidad del hecho queda excluida cuando media la aquiesciencia o el acuerdo del eventualmente ofendido, puesto que el hecho de la vida real ya no puede subsumirse en el correspodiente tipo". Como causa de justificação, atua o consentimento quando a aquiescência nada tem que ver com o tipo, mas sim com a antijuridicidade, conquanto e apesar de tudo, subsiste a tipicidade. Adverte, contudo, ser ineficaz o consentimento quando são protegidos interesses que tocam de perto a coletividade.[59]

---

[58] MAGGIORE. *Derecho penal*, v. 1, p. 435.
[59] COUSIÑO MAC IVER *apud* PIERANGELI. *O consentimento do ofendido*: na teoria do delito. 3. ed., p. 89.

CAPÍTULO 3

VIDA HUMANA

> *O respeito à vida humana é a um tempo uma das maiores idéias de nossa civilização e o primeiro princípio da moral médica. É nele que repousa a condenação do aborto, do erro ou da imprudência terapêutica, a não-aceitação do suicídio. Ninguém terá o direito de dispor da própria vida, a fortiori da de outrem e, até o presente, o feto é considerado como um ser humano.*[60]
> (Jacques Robert)

3.1 Conceito

Em se tratando de consentimento no homicídio, impõe-se abordar o conceito de "vida", uma vez que o consentimento é a renúncia a este bem jurídico. Inicialmente, salienta-se que a vida deve ser definida pelas Ciências Biológicas, com base nos fenômenos naturais e nas leis da natureza. Há vários critérios de identificação do início da vida. Passamos à análise dos principais.

Segundo a Embriologia, a vida inicia-se com a fusão dos gametas, formando o zigoto humano, ou seja, com a fecundação, conforme leciona Dernival da Silva Brandão:

> A Embriologia humana demonstra que a nova vida tem início com a fusão dos gametas — espermatozóide e óvulo —, duas células germinativas extraordinariamente especializadas e teleologicamente programadas, ordenadas uma à outra. Dois sistemas separados interagem e dão origem a um novo sistema; e este, por sua vez, dá início

---

[60] ROBERT *apud* SILVA. *Curso de direito constitucional positivo*, p. 198.

a uma série de atividades concatenadas, obedecendo a um princípio único, em um encadeamento de mecanismo de extraordinária precisão. Já não são dois sistemas operando independentemente um do outro, mas um único sistema que existe e opera em unidade: é o zigoto, embrião unicelular, que compartilha, não apenas o ácido desoxirribonucléico (ADN), mas todos os cromossomos de sua espécie, a espécie humana, cujo desenvolvimento, então iniciado, não mais se detém até sua morte. [...] É, portanto, um ser vivo humano e completo.[61]

Há também uma corrente, chamada "desenvolvimentista", segundo a qual a vida humana inicia-se no 14º dia após a concepção. Analisando a corrente desenvolvimentista e criticando-a, salienta Carolina Queiroz de Carvalho:

> Apesar das inúmeras nuances detectáveis, há uma corrente de pensamento para a qual o embrião humano pode ser considerado vida humana somente a partir de determinado ponto de seu desenvolvimento. Dentro dessa corrente, a mais expressiva — usualmente conhecida pela sua referência ao 14º dia a partir da concepção como marco para a humanização do embrião — afirma que dois elementos definem o ser humano: a unicidade, ser único e irrepetível, e unidade, ser um só (LACADENA, 2005:91). Como até o 13º dia é possível, teoricamente, a gemelação monozigótica e a fusão quimérica, ou seja, subdivisão e compactação das células embrionárias (no primeiro caso dando origem a gêmeos univitelinos), não se poderia falar em um indivíduo propriamente dito, pela possibilidade de um embrião se converter em dois, ou de que dois embriões se converterem em um (PALAZZANI, 2005:173)... Levada às últimas conseqüências, o suposto dogma da unicidade genética para a constatação de humanidade, seria forçoso concluir que todos os gêmeos univitelinos, comuns na população mundial, não são seres humanos. A fragilidade do argumento é incontese.[62]

Existem ainda as correntes relacionais, concebendo o início da vida nas relações afetivas, em especial na aceitação da maternidade. Argumentam que as relações sociais é que definem a personalidade. Esse posicionamento revela-se absurdo ao definir a proteção do ser humano com base em sua relação extrínseca. Ademais, ignoram os valores biológicos da vida, privilegiando exclusivamente as relações pessoais e outorgando poderes à genitora para definir acerca da humanização do embrião.

---

[61] BRANDÃO *apud* DIPP; PENTEADO (Org.). *A vida dos direitos humanos*: bioética médica e jurídica, p. 223.

[62] CARVALHO. *O domínio da vida do embrião*: limites do poder de decisão dos genitores, p. 18.

A nós, nos parece que na concepção já existe vida, uma vez que o nascituro é dotado de definições genéticas, inclusive dons, além de possuir reações, ou seja, é um ser inigualável. A Constituição garante o direito à vida, desde a concepção, de forma inviolável. Inclusive, o Pacto de São José da Costa Rica, em seu artigo 4º, afirma que a vida deve ser protegida desde a concepção:

Artigo 4º – Direito à vida

1. Toda pessoa tem o direito de que se respeite sua vida. Esse direito deve ser protegido pela lei e, em geral, desde o momento da concepção. Ninguém pode ser privado da vida arbitrariamente.

Reconhecendo os direitos do nascituro desde a concepção, o Código Civil brasileiro dispõe, em seu artigo 2º, que:

A personalidade civil da pessoa começa do nascimento com vida; mas a lei põe a salvo, desde a concepção, os direitos do nascituro.

Se a lei põe a salvo desde a concepção os direitos do nascituro, sem restrição, certamente tutela o mais importante desses direitos, que é a vida. No mesmo sentido, o Professor José Afonso da Silva:

Não intentaremos dar uma definição disto que se chama vida, porque é aqui que se corre o grave risco de ingressar no campo da metafísica supra-real, que não nos levará a nada. Mas alguma palavra há de ser dita sobre esse ser que é objeto de direito fundamental. Vida, no texto constitucional (art. 5º, *caput*), não será considerada apenas no seu sentido biológico de incessante auto-atividade funcional, peculiar à matéria orgânica, mas na sua acepção biográfica mais compreensiva. Sua riqueza significativa é de difícil apreensão porque é algo dinâmico, que se transforma incessantemente sem perder sua própria identidade. É mais um processo (processo vital), que se instaura com a concepção (ou germinação vegetal), transforma-se, progride, mantendo sua identidade, até que muda de qualidade, deixando, então, de ser vida para ser morte. Tudo que interfere em prejuízo deste fluir espontâneo e incessante contraria a vida.[63]

O Código Penal também protege o embrião, punindo o aborto nos artigos 124, 125 e 126, através de tipos penais que visam tutelar o ser humano na fase embrionária, endouterina.

---

[63] SILVA. *Curso de direito constitucional positivo*, p. 197.

Analisando a proteção da vida no Direito Penal brasileiro, elucida o mestre Aníbal Bruno:

> O Direito toma em consideração a vida para garanti-la desde o momento em que, pela eventual conjunção dos elementos genéticos, o embrião se formou. Já aí começa a proteção jurídico-penal da vida humana, mas desde esse instante até o começo do parto, isto é, até quando o ser já formado vai separar-se do corpo materno, o tipo penal que se configura na sua destruição não é o homicídio, mas o aborto.[64]

3.2 Direito fundamental

A partir do iluminismo, houve maior reconhecimento dos valores intrínsecos do ser humano, garantindo-se a proteção da dignidade da pessoa humana. Criou-se a noção de "Direitos Fundamentais", elevando o ser humano como centro do ordenamento jurídico.

Hoje, podemos concebê-los como um conjunto de valores elencados constitucionalmente que visam garantir uma existência digna, compelindo o Estado à prestação da tutela e consequente concretização da democracia. Trata-se de um mecanismo de aplicabilidade e respeito aos Direitos Humanos previstos no ordenamento jurídico geral.

Dentre os Direitos Fundamentais protegidos constitucionalmente, a vida é o que merece a mais completa proteção, pois é premissa dos demais, os quais se sujeitam à sua existência. No ordenamento jurídico brasileiro, o direito à vida é uma garantia constitucional assegurada a qualquer indivíduo, inserida na Constituição Federal de 1988, no artigo 5º, *caput*.[65]

Pode-se afirmar que a vida é a razão de ser do Direito, já que é a origem e suporte dos valores humanos, constituindo-se na fonte primária dos demais bens jurídicos. A vida é complementada pelos demais direitos protegidos constitucionalmente, inclusive precedendo no Texto Constitucional pátrio aos direitos à liberdade, igualdade, segurança e propriedade. É pressuposto do princípio da dignidade da pessoa humana, fundamento da República Federativa do Brasil.[66]

---

[64] BRUNO. *Direito Penal*: parte especial, p. 59-60.

[65] "Art. 5º Todos são iguais perante a lei, sem distinção de qualquer natureza, garantindo-se aos brasileiros e aos estrangeiros residentes no País a inviolabilidade do direito à vida, à liberdade, à igualdade, à segurança e à propriedade, nos termos seguintes: (...)".

[66] "Art. 1º A República Federativa do Brasil, formada pela união indissolúvel dos Estados e Municípios e do Distrito Federal, constitui-se em Estado Democrático de Direito e tem como fundamentos: (...)
III – a dignidade da pessoa humana (...)".

Na disposição do Código Penal, a vida também é o bem primordialmente tutelado. Sua proteção encontra-se nos primeiros artigos da Parte Especial, Capítulo I, do Título I, sob a denominação "Dos crimes contra a vida". Nessa esteira, nos ensina Aníbal Bruno:

> A Parte Especial do Código abre-se com a proteção dos valores da personalidade do indivíduo.
>
> Aí se inclui o bem fundamental, que é a vida, origem e suporte de todos os demais, uma vez que com a extinção da vida se põe fim à condição de homem e a todas as manifestações do Direito que se apóiam nessa condição. A ele se seguem a integridade corporal e a incolumidade da vida e da saúde, os bens que podem ser ofendidos na rixa, a honra, a liberdade pessoal, a inviolabilidade de domicílio, correspondência e segredos.[67]

Ademais, o direito à vida mereceu proteção pelo Código Civil de 2002, que, em seu artigo 15, impede o constrangimento do cidadão de submeter a tratamento médico ou intervenção cirúrgica com risco de morte. Verifica-se, pelo dispositivo citado, que o Código concedeu tratamento incondicional à vida. Já o artigo 11 do referido Código, em consonância com o Texto Constitucional, dispõe acerca da irrenunciabilidade dos direitos da personalidade. Analisando a proteção do Código Civil à vida, concluiu com acerto Mônica Silveira Vieira:

> Embora o Código Civil de 2002 apresente poucas previsões sobre os direitos da personalidade, focalizando somente certos aspectos de alguns deles, sem previsão expressa sobre o direito à vida, não se pode deixar de mencionar o disposto no art. 15, segundo o qual "Ninguém pode ser constrangido a submeter-se, com risco de vida, a tratamento médico ou intervenção cirúrgica". Interpretando-se o dispositivo a contrario sensu, chega-se diretamente à conclusão de que a pessoa pode ser constrangida a se submeter a tratamento ou cirurgia que não acarrete risco de morte (expressão muito mais adequada do que risco de vida, pois o risco ao qual a lei se refere, obviamente, não é o de viver, mas o de morrer). Não se pretende, aqui, discutir se essa norma é acertada ou não; quer-se, apenas, deixar claro qual o posicionamento que ela consagrou, no tocante ao direito à vida. Sem a menor dúvida, o legislador optou pela proteção incondicional da vida humana, inclusive em face das atitudes do próprio titular, permitindo que se adotem os procedimentos que se mostrarem úteis e necessários para manter sua vida.

---

[67] BRUNO. *Direito Penal*: parte especial p. 55.

Necessário fazer referência, ainda, ao art. 11 do Código Civil, que estabelece serem irrenunciáveis os direitos da personalidade, não podendo seu exercício sofrer limitação voluntária, a não ser nos casos previstos em lei. Reforça-se, assim, a constatação de que o direito à vida é indisponível, não sendo, obviamente, possível ao legislador ordinário ou mesmo constitucional admitir limitações voluntária a tal direito, conforme se acabou de demonstrar, quando da análise do *caput* do art. 5º da CR/88.[68]

O direito à vida tutelado constitucionalmente não visa à proteção apenas individual, tendo importância para toda a comunidade. O ser humano não vive apenas para si, sendo essencial para a existência da sociedade e do Estado.

A vida também mereceu proteção no âmbito internacional, sobretudo na Declaração Universal dos Direitos Humanos (1948), em seu artigo III, elevando-a ao *status* de direito inviolável.

3.3 Morte

> *A vida é a dádiva maior da natureza. O homem, ser privilegiado na escala filogenética, dela usufrui empregando suas competências emocional, afetiva, intelectual e física, sujeitas às inevitáveis limitações pessoais e ambientais. Contudo, quaisquer que sejam as características da vida de cada um de nós, o fato é que um dia ela termina.*[69]

A morte, consequência natural da vida, é umas das questões mais tormentosas da humanidade, sendo raras as pessoas que nunca debateram o tema. Revela-se como algo temido, angustiante e indesejável. Na legislação brasileira, tem como primeira consequência o fim da pessoa natural, nos termos do artigo 6º do Código Civil.[70]

A definição do momento da morte é uma questão polêmica desde o início da humanidade. Definir seu momento é fundamental, sob pena de se admitir, erroneamente, homicídios culposos ou até mesmo dolosos. Exemplificando, salientou Fernando de Almeida Pedroso:

---

[68] VIEIRA. *Eutanásia*: humanizando a visão jurídica, p. 235-236.

[69] CUTAIT. Morte digna, fl. 3.

[70] "Art. 6º A existência da pessoa natural termina com a morte; presume-se esta, quanto aos ausentes, nos casos em que a lei autoriza a abertura de sucessão definitiva."

A questão é delicada, e há de ser devidamente equacionada, sob pena de se admitir a possibilidade de verdadeiros crimes — culposos ou dolosos — com a retirada de órgãos, dando azo, por maiores que sejam as precauções, a surpresas.

Exemplo: o caso do menino Jason Arthur Era, dado como morto ao sofrer uma grave lesão cerebral numa piscina, na Califórnia. Em tendo sido autorizado por sua mãe o transplante de seus rins e fígado, quando os cirurgiões de um hospital de Denver se preparavam para a operação, perceberam que o suposto cadáver respondia aos estímulos da dor, tendo sua respiração sido restabelecida 45 minutos depois. (...)

De outro turno, convém trazer à colação as experiências do cientista Victor Bukov, que conseguiu fazer um cão voltar à vida depois de três dias de seu coração ter parado de bater, tendo submetido seu cérebro a um processo de resfriamento.[71]

Durante séculos, a morte foi caracterizada pela ausência de respiração. Superada a concepção da morte como ausência de respiração, os cientistas passaram a defini-la pela cessação dos batimentos cardíacos. Em seguida, caracterizou-se pela cessação das funções do coração e dos pulmões.

Elucida o médico Drauzio Varella:

Por milhões de anos, foi fácil para os médicos diagnosticar morte: bastava verificar se o doente respirava. Mortos estariam os ineptos a essa função fisiológica essencial, a única da qual o corpo humano não pode prescindir por mais do que uns poucos minutos.

De fato, privado de oxigênio por quatro ou cinco minutos, nosso cérebro costuma sofrer danos irreversíveis. Mas outros órgãos são bem mais resistentes à anóxia. O coração é um deles – capaz de bater por muitos minutos depois que a última molécula de oxigênio fugiu dos pulmões e até fora do corpo quando retirado cirurgicamente.

Estabelecer critérios para caracterizar a morte se tornou necessário a partir do aparecimento dos primeiros aparelhos de ventilação mecânica, que permitiram manter vivas pessoas incapazes de respirar por conta própria. Essa necessidade se tornou mais premente com o advento dos transplantes de órgãos na década de 1960.[72]

Após o moderno desenvolvimento da Cardiologia, distinguiu-se a morte clínica, definida como a paralisação da função cardíaca e

---

[71] PEDROSO. *Homicídio, participação em suicídio, infanticídio e aborto*, p. 29-31.
[72] VARELLA. *O momento da morte*. Disponível em: <http://www.drauziovarella.com.br/Exibir Conteudo/526/o-momento-da-morte>.

respiratória, da biológica, marcada pela destruição celular, e da cerebral, consistente na paralisação das funções cerebrais.

Tamanha é a dificuldade do tema que, em 1995, a Academia Americana de Neurologia adotou os seguintes princípios:

> A declaração de morte cerebral requer não apenas uma série de testes neurológicos cuidadosos, mas também o esclarecimento das causas do coma, a certeza de sua irreversibilidade, a resolução de qualquer dúvida em relação aos sinais neurológicos clínicos, o reconhecimento de possíveis fatores conflitantes, a interpretação dos achados de neuroimagem e a realização dos exames laboratoriais necessários.[73]

Hodiernamente, adota-se como fim da vida a morte encefálica, caracterizada pela cessação irreversível das funções cerebrais, inclusive do tronco cerebral. A fim de caracterizar os critérios de morte encefálica, colacionamos trechos do estudo desenvolvido por Maria Auxiliadora Minahim:

> Desde que se avançou para o conceito de morte encefálica, vários critérios diagnósticos foram estabelecidos, variando de um para outro país. No sentido geral, aceitam-se os seguintes indicadores: a) coma profundo, sem nenhum tipo de resposta; b) lesão irreversível e irreparável do encéfalo, ausência de reflexos integrados no tronco encefálico; d) prova de atropia negativa; e) apnéia comprovada; f) eletroencefalograma; g) período de observação. Não bastasse a complexidade dos meios para aferição da morte, há que se notar a quantidade de adjetivos utilizados para qualificar cada um dos indicadores — coma profundo, lesão irreparável —, o que denota a dificuldade de estabelecimento de um critério uniforme e simples. Existem, na realidade, diversos protocolos convencionados para a constatação do fim da vida e, ainda quando haja consenso quanto às funções, sinais e procedimentos a serem constatados, há divergência quanto à forma de interpretação desses dados.[74]

Percebemos que existe enorme dificuldade em precisar o momento exato da morte, apesar do progresso científico e dos novos recursos de intervenção na vida. Aliás, um dos frutos da revolução biotecnológica é o aumento da possibilidade de novos estados de sobrevivência.

---

[73] ACADEMIA AMERICANA DE NEUROLOGIA *apud* VARELLA. *O momento da morte*. Disponível em: <http://www.drauziovarella.com.br/ExibirConteudo/526/o-momento-da-morte>.

[74] MINAHIM. *Direito Penal e biotecnologia*, p. 74.

CAPÍTULO 3
VIDA HUMANA | 51

Salienta-se que o ponto de vista de morte encefálica é definido pelas Ciências Biológicas e não pelos operadores do Direito, já que os ordenamentos jurídicos, em regra, não definem o momento da morte. Acreditamos que, estabelecida a morte encefálica, nos termos da Resolução nº 1.480,[75] de 08 de agosto de 1997, do Conselho Federal de

---

[75] "O Conselho Federal de Medicina, no uso das atribuições conferidas pela Lei nº 3.268, de 30 de setembro de 1957, regulamentada pelo Decreto nº 44.045, de 19 de julho de 1958 e, CONSIDERANDO que a Lei nº 9.434, de 4 de fevereiro de 1997, que dispõe sobre a retirada de órgãos, tecidos e partes do corpo humano para fins de transplante e tratamento, determina em seu artigo 3º que compete ao Conselho Federal de Medicina definir os critérios para diagnóstico de morte encefálica;
CONSIDERANDO que a parada total e irreversível das funções encefálicas equivale à morte, conforme critérios já bem estabelecidos pela comunidade científica mundial;
CONSIDERANDO o ônus psicológico e material causado pelo prolongamento do uso de recursos extraordinários para o suporte de funções vegetativas em pacientes com parada total e irreversível da atividade encefálica;
CONSIDERANDO a necessidade de judiciosa indicação para interrupção do emprego desses recursos;
CONSIDERANDO a necessidade da adoção de critérios para constatar, de modo indiscutível, a ocorrência de morte;
CONSIDERANDO que ainda não há consenso sobre a aplicabilidade desses critérios em crianças menores de 7 dias e prematuros, resolve:
Art. 1º. A morte encefálica será caracterizada através da realização de exames clínicos e complementares durante intervalos de tempo variáveis, próprios para determinadas faixas etárias.
Art. 2º. Os dados clínicos e complementares observados quando da caracterização da morte encefálica deverão ser registrados no termo de declaração de morte encefálica anexo a esta Resolução.
Parágrafo único. As instituições hospitalares poderão fazer acréscimos ao presente termo, que deverão ser aprovados pelos Conselhos Regionais de Medicina da sua jurisdição, sendo vedada a supressão de qualquer de seus itens.
Art. 3º. A morte encefálica deverá ser conseqüência de processo irreversível e de causa conhecida.
Art. 4º. Os parâmetros clínicos a serem observados para constatação de morte encefálica são: coma aperceptivo com ausência de atividade motora supra-espinal e apneia.
Art. 5º. Os intervalos mínimos entre as duas avaliações clínicas necessárias para a caracterização da morte encefálica serão definidos por faixa etária, conforme abaixo especificado:
a) de 7 dias a 2 meses incompletos – 48 horas;
b) de 2 meses a 1 ano incompleto – 24 horas;
c) de 1 ano a 2 anos incompletos – 12 horas;
d) acima de 2 anos – 6 horas.
Art. 6º. Os exames complementares a serem observados para constatação de morte encefálica deverão demonstrar de forma inequívoca:
a) ausência de atividade elétrica cerebral ou,
b) ausência de atividade metabólica cerebral ou, c) ausência de perfusão sangüínea cerebral.
Art. 7º. Os exames complementares serão utilizados por faixa etária, conforme abaixo especificado:
a) acima de 2 anos – um dos exames citados no Art. 6º, alíneas "a", "b" e "c";
b) de 1 a 2 anos incompletos: um dos exames citados no Art. 6º, alíneas "a", "b" e "c".
Quando optar-se por eletroencefalograma, serão necessários 2 exames com intervalo de 12 horas entre um e outro;

Medicina, com base em diagnóstico médico preciso, está caracterizado o falecimento, ensejando apenas o preenchimento, pelos médicos, do "Termo de Declaração de Morte Encefálica", cujo modelo foi produzido anexo à Resolução.

---

c) de 2 meses a 1 ano incompleto – 2 eletroencefalogramas com intervalo de 24 horas entre um e outro;

d) de 7 dias a 2 meses incompletos – 2 eletroencefalogramas com intervalo de 48 horas entre um e outro.

Art. 8º. O termo de Declaração de Morte Encefálica, devidamente preenchido e assinado, e os exames complementares utilizados para diagnóstico da morte encefálica deverão ser arquivados no próprio prontuário do paciente.

Art. 9º. Constatada e documentada a morte encefálica, deverá o Diretor-Clínico da instituição hospitalar, ou quem for delegado, comunicar tal fato aos responsáveis legais do paciente, se houver, e à Central de Notificação, Captação e Distribuição de Órgãos a que estiver vinculada a unidade hospitalar onde o mesmo se encontrava internado.

Art. 10. Esta Resolução entrará em vigor na data de sua publicação e revoga a Resolução CFM nº 1.346/91.

WALDIR PAIVA MESQUITA – Presidente

ANTÔNIO HENRIQUE PEDROSA NETO – Secretário-Geral"

CONSELHO FEDERAL DE MEDICINA. Resolução nº 1480 de 08 de agosto de 1997. Disponível em: <http://www.portalmedico.org.br/resolucoes/cfm/1997/1480_1997.htm>.

CAPÍTULO 4

HOMICÍDIO

4.1 Conceito

O vocábulo "homicídio" origina-se do latim *homicidium*, formado pela junção dos elementos *homo* (homem) e *caedere* (matar). Franz Von Liszt o definia em uma frase:

Homicídio é a destruição da vida humana.[76]

O tipo penal mais conhecido consiste na eliminação da vida humana, sendo universalmente incriminado. No Brasil, é tutelado com primazia, sendo o primeiro tipo descrito na Parte Especial do Código Penal. Com a maestria que lhe era peculiar, já lecionava Nelson Hungria:

O homicídio é o tipo central dos crimes contra a vida e é o ponto culminante na orografia dos crimes. É o crime por excelência. É o padrão da delinqüência violenta ou sanguinária, que representa como que uma reversão atávica às eras primevas, em que a luta pela vida, presumivelmente, se operava com o uso normal dos meios brutais e animalescos. É a mais chocante violação do senso moral médio da humanidade civilizada.

Como diz Impallomeni, todos os direitos partem do direito de viver, pelo que, numa ordem lógica, o primeiro dos bens é o bem da vida. O homicídio tem a primazia entre os crimes mais graves, pois é o atentado contra a fonte mesma da ordem e segurança geral, sabendo-se que todos os bens públicos e privados, todas as instituições se fundam sobre o respeito à existência dos indivíduos que compõem o agregado social.[77]

---

[76] LISZT. *Tratado de Direito Penal Allemão*, v. 2, p. 7.
[77] HUNGRIA. *Comentários ao Código Penal*, p. 25-26.

Apresenta, no Direito brasileiro, a estrutura do tipo mais simples, constituindo-se apenas com o verbo e seu objeto, não exigindo nenhum atributo do agente, podendo ser cometido por qualquer pessoa. É descrito como "matar alguém", aperfeiçoando-se, portanto, na destruição da vida de um homem por outro. É o crime que se pune partindo-se da premissa de que ninguém quer ser morto, ou seja, de que o indivíduo não quer ter a vida ceifada.

A punição ao homicida desperta na humanidade enorme interesse, o qual deriva de seu anseio para que se puna severamente o ato humano mais refutado pela sociedade. A população cobra do Estado rigor suficiente para afastar os homens da senda do delito de homicídio, rigorosamente repudiado pela ética e moral social. A segurança da vida humana figura como a mais importante necessidade do homem.

Entretanto, excepcionalmente, o ser humano é tomado por um sentimento extremo de angústia existencial, acrescida de profundo estado de depressão, uma das pragas das sociedades contemporâneas, que dilacera a alma fazendo com que a morte seja aparentemente um alento. Nesses casos, o ser humano busca uma solução imediatista, fruto de sua resistência enfraquecida em digladiar contra seus problemas, medos e angústias, gerando anseio de não admitir postergações e remédios de solução a médio ou longo prazo. Esse estado psíquico de desesperança enseja o consentimento na própria morte.

Nesses casos, em regra, o homicídio consentido ocorre de forma comissiva, ou seja, o agente desenvolve condutas positivas para a consecução de seu intento, por exemplo, ministrando substâncias para acelerar o processo de morte do enfermo.

Excepcionalmente, ocorre na forma comissiva por omissão, nos casos em que o agente tem o dever de atuar para evitar o resultado. Por exemplo, o salva-vidas que deixa de preservar a vida do banhista que se afoga no mar, já que este lhe havia solicitado que não o salvasse, pois pretendia superar seus limites, ainda que em prejuízo da própria vida. Nesse exemplo, advindo o resultado morte, o salva-vidas responde por homicídio doloso.

4.1.1 Forma dolosa

O dolo é o propósito, a intenção, a vontade consciente e livre para se alcançar o resultado antijurídico. No dolo direto, o agente quer o resultado criminoso, prevendo-o como certo. Acerca do dolo direto, salienta Aníbal Bruno:

No dolo direto, o agente prevê o resultado como conseqüência necessária do seu ato e quer que ele ocorra. A. dispara a sua pistola contra B., prevendo e querendo a morte do alvejado.[78]

O homicídio, em regra, é previsível e resulta de um ato contrário à vontade do sujeito passivo. Porém, neste trabalho, nos propusemos ao estudo sobre a hipótese de um homicídio por vontade do sujeito passivo. É o que denominamos homicídio consentido, já que o agente age com vontade e consciência de produzir a morte, com a anuência do sujeito passivo.

No dolo eventual, a ação volta-se para outro objetivo, sabendo o agente que pode concretizar o delito, admitindo-o como possível e assentindo em seu advento. O agente assume o risco de produzir o resultado morte anuído pelo sujeito passivo. Fundamenta-se na teoria do assentimento. O Professor Jair Leonardo Lopes leciona acerca do dolo eventual:

> Ocorre o dolo eventual, na realização típica, quando o agente emprega meios que, em razão de sua natureza e das circunstâncias, poderá produzir, além do fim querido, outros concomitantes e não queridos, porém, admitidos. Se, ao empregar tais meios, o agente, apesar de prever os efeitos concomitantes, não recua e, efetivamente, ocorrem aqueles efeitos, o agente por eles, há de responder. É o que se verifica quando, em uma via pública por onde transitam várias pessoas, o agente dispara a sua arma contra alguém, prevendo que possa atingir, além da pessoa visada, qualquer outra, e, apesar da previsão, age, admitindo o resultado previsto que, de fato, ocorre. É claro que, neste caso, o agente, pela natureza do meio empregado e demais circunstâncias do fato — disparo em via pública quando por ela transitam pedestres —, podia atingir tanto a pessoa visada como outra que atravessasse na trajetória do projétil. Em tal hipótese, ainda que o agente não quisesse tal resultado, a previsão dele não o fez recuar e, tendo admitido a sua ocorrência, agiu assumindo o risco de produzi-lo e nisso consiste a realização típica com dolo eventual. São casos em que o agente não quer o resultado, mas, também, não se detém diante da previsão de sua ocorrência e a admite. Não tem interesse nele, porém, não deixa de agir aceitando o que possa acontecer. Quem assim procede assume o risco de produzir o resultado.[79]

No caso do homicídio com dolo eventual, o agente não quer matar, mas prevê o resultado como possível ou provável, persistindo

---

[78] BRUNO. *Direito Penal*, t. II, p. 72.
[79] LOPES. *Curso de Direito Penal*, p. 122.

na ação e aceitando o risco do resultado. Há dolo eventual na conduta do agente que pratica roleta-russa com o consentimento de todos os participantes, acionando o revólver carregado com um só cartucho, na direção do consenciente, sujeitando-o à sorte.

No nosso ordenamento jurídico, o Código apresenta tratamento idêntico para as duas formas, havendo diferença apenas na ponderação das circunstâncias para a fixação da pena, já que no dolo eventual a decisão de vontade que enseja o resultado é menor.

4.1.2 Forma culposa

A vida em sociedade gera riscos. Logo, é imperioso que o homem, a fim de assegurar a harmonia social, aja com cautela, prudência e cuidado, evitando comportamentos que o coloquem em perigo de causar danos aos direitos daqueles que participam da vida em sociedade. A tônica dos delitos culposos consiste na ausência do dever de cuidado, conforme as peculiaridades e características do caso concreto, embora a ação dirija-se a um fim lícito.

Ensina o Professor Jair Leonardo Lopes:

> A realização culposa do tipo consiste, pois, em ação dirigida a um fim lícito, porém, que dá causa a um resultado ilícito, por não ter o agente observado o dever objetivo de cuidado para evitar o dano ao bem jurídico protegido pela lei penal.
>
> É óbvio que a evitação do resultado está condicionada à sua previsibilidade. Só se pode evitar o que seja previsível. Por isso, se o agente dá causa ao resultado por não o ter previsto, quando, nas circunstâncias do fato, podia e devia prevê-lo, haverá de responder por ele, a título da chamada "culpa inconsciente", ou seja, culpa sem previsão. Mas pode também ocorrer que o agente tenha previsto o resultado e atue na sincera convicção de que ele não ocorra, confiando em si, e acabe por não conseguir evitá-lo. Aqui está a chamada "culpa consciente", ou seja, culpa com previsão. Na culpa inconsciente, o agente por imperícia, imprudência ou negligência, não prevê aquilo que podia e devia ter previsto, dando causa ao resultado típico. E, na culpa consciente, o agente prevê o resultado, não o quer nem o admite, mas dá causa ao mesmo por confiar, imprudentemente, em que saberá evitá-lo e não o consegue. Acabando por lesar o bem jurídico protegido.[80]

---

[80] LOPES. *Curso de Direito Penal*, p. 123.

Verifica-se que, nos delitos culposos, o agente, inicialmente, pratica um ato contrário ao seu dever, consistente em agir sem a atenção ou o cuidado que a sociedade lhe impunha, exprimindo-se na imprudência, negligência ou imperícia, em que pese não querer ofender nenhum bem jurídico. Ou seja, o agente avalia as consequências lesivas de forma insuficiente. Dessa ação, advém um resultado de dano ou perigo, previsto na legislação como crime. Nota-se que a vontade do agente restringe-se ao ato inicial, que se dá sem a diligência necessária exigível na prática dos atos em sociedade.

A imprudência é a culpa *in committendo*, caracterizada por uma conduta ativa e positiva que viola as regras de cuidado ditadas pela experiência comum. A negligência é a culpa *in omittendo*, marcada pela passividade, ou seja, pela omissão do cuidado devido. A imperícia é a culpa que se revela através do despreparo técnico ou teórico do agente no exercício de profissão, arte ou ofício.

Ainda que o homicídio seja praticado com o consentimento do sujeito passivo, a ausência do dever de cuidado, inerente aos delitos culposos, enseja a punição. Ao agente é irrelevante que o sujeito passivo conceda autorização para que aja sem os cuidados devidos. A título ilustrativo, citamos o seguinte exemplo: "A" pretende saltar de *bungee jumping*, esporte radical praticado por muitos aventureiros corajosos, que consiste em pular para o vazio amarrado aos tornozelos por uma corda elástica. Para seu intento, dirige-se a uma estação de saltos, solicitando ajuda do instrutor e empresário de esportes radicais "B". "B" sugere a "A" que não proceda ao salto, já que as cordas elásticas adquiridas recentemente, mesmo reforçadas, ainda não foram testadas, salientando que há variações de cordas consoante o peso da pessoa que vai fazer o salto. Não obstante, "A" insiste em seu intento, persuadindo "B" a ajudá-lo e isentando-o de qualquer responsabilidade. "B", apesar de não querer e não admitir o resultado, amarra uma das cordas no tornozelo de "A", confiando em sua experiência e convicto do sucesso do salto. Após a queda, a corda se rompe, causando a morte de "A". Em que pese à anuência de "A", "B" responderá por homicídio culposo, já que não observou o dever de cuidado, atuando com culpa consciente e ensejando a realização do tipo de homicídio.

CAPÍTULO 5

ANÁLISE DA CONDUTA DOS SUJEITOS NO CONSENTIMENTO

5.1 Análise da conduta do sujeito passivo

No consentimento no homicídio, o sujeito passivo possui um importante papel provocador do delito. Mas o que o leva a consentir na própria morte? As causas são inúmeras e complexas, o que exige análise casual. Não obstante, apresentamos algumas considerações sobre o tema.

Os consencientes possuem uma disposição psíquica anormal, ainda que transitória, decorrente de fatores biológicos, genéticos ou psicológicos, que não devem ser analisados apenas no instante do ato de consentir, mas com base em toda a vida pregressa do indivíduo.

Muitas vezes, a vida revela-se, para eles, um espaço de amarguras, tristezas e instabilidades, provocando um grau de insatisfação interior que leva à solução extrema de consentir ou arriscar-se na própria morte, superando o instinto de conservação. A morte surge como uma única e radical via de saída, em face de uma situação carregada do ponto de vista emocional e não mais sustentável, ensejando a autopunição, que é a destruição de si próprio.

Os motivos determinantes estão nas perturbações mentais, depressões graves, na necessidade de superar obstáculos, dentre outras. Algumas pessoas sofrem desordens psicológicas que as levam a desistir de viver. Outras, na ânsia de viver emoções diversas, arriscam a vida em atividades esportivas que liberam grande quantidade de adrenalina, não obstante o risco de morte. Há, ainda, os que, por convicções políticas, ideológicas ou religiosas, não aceitam os cuidados necessários para a manutenção da vida. Enfim, todos são movidos por situações anormais, em que o sujeito passivo anui na própria morte para evitar conflitos ou tensões internas, para ele insuportáveis.

E por que eles mesmos não dão fim à própria vida, como os autocidas? No caso daqueles que arriscam a própria morte, movidos pela negligência da conduta — como nos esportes radicais, nas práticas sexuais com portador de HIV ou seguidores da religião Testemunhas de Jeová, dentre outros —,[81] a razão é simples: não querem morrer, mas admitem indiretamente o resultado, confiando que irão sobreviver e que o prazer decorrente da conduta supera o risco da morte. O sujeito passivo conhece o risco, mas, deliberadamente, não evita a realização do fato cognoscível; no instante anterior, percebe as consequências de seu ato iminente, mas não autoriza o sujeito ativo a evitá-lo.

Já aqueles que efetivamente querem morrer, podendo fazê-lo pessoalmente, ao dar o consentimento, revelam covardia. Refletem a falta de coragem e o medo de pôr fim à própria vida. E o que é pior: o agente não assume sua postura, transferindo a ação para um terceiro. É a fraqueza de espírito que leva o sujeito passivo a deixar, ele próprio, de provocar a morte desejada, permitindo que o sujeito ativo se arvore na função Divina de controlar a vida e a morte do homem.

Reparemos que um incute no outro a ideia da ação criminosa, que é aceita por ambos. Há um consenso entre os sujeitos para lesarem a ordem jurídica, já que o bem tutelado — vida — pertence ao sujeito e à sociedade. Não se diga, portanto, que o sujeito passivo foi vítima dele mesmo e, por isso, não merece a tutela do Direito Penal. A punição do sujeito ativo decorre da necessidade de proteger a sociedade.

O sujeito passivo dirige a sua vontade ao resultado, utilizando-se de um terceiro. Para seu intento, pode, até mesmo, coagir o executor, como no exemplo do Professor Ariosvaldo Campos Pires:[82] "Determinado cidadão obriga outrem, de modo inafastável, a auxiliá-lo ao autoextermínio, o qual, embora não se consume, ocasiona-lhe lesões irreparáveis".

5.2 Análise da conduta do sujeito ativo

O sujeito ativo que obedece a um pedido do sujeito passivo para que ponha fim à sua vida age com insensibilidade moral, em oposição à piedade que deveria movê-lo a dissuadir o infeliz. A sua índole antissocial não permite que o altruísmo prevaleça, deixando-se levar por

---

[81] No capítulo 7 apresentamos estes casos, com explicações mais profundas e detalhadas.

[82] PIRES. *A coação irresistível no Direito Penal brasileiro*, p. 51.

sentimentos que não são compreensíveis na criatura humana. O freio da moral não foi capaz de evitar a sua conduta. Permite-se agir de modo excepcional ao eliminar a vida de um ser semelhante, revelando uma cegueira afetiva que lhe impede de ver o outro como irmão. Sente-se um ser que prevalece sobre outro.

O sujeito ativo não tem força moral para conter o ato de desespero do sujeito passivo, a fim de criar esperanças de dias melhores. Demonstra não ter misericórdia e nem amor ao próximo, que deveriam levá-lo a auxiliar o sujeito passivo para a reconquista das razões de viver. Ao constatar o sofrimento do próximo, nada faz para confortá-lo. Assim, perde a chance de recuperar um ser semelhante, não cumprindo o ideal de fraternidade e harmonia social, preconizados no preâmbulo da Constituição Federal de 1988.[83]

Esse sujeito, pelo contrário, elimina uma criatura humana, estando esta em evidente momento de fragilidade existencial. Atua como executor de uma sentença de morte, como um carrasco impiedoso. Tira ao outro o dom da vida ou seu direito de viver. Age movido por um impulso incompreensível e inescusável. Sequer concede ao próximo o direito ao arrependimento, já que, consumado o ato, não há possibilidade de emenda, de desfazer o mal praticado, de novas oportunidades. Cessa-lhe a possibilidade existencial...

---

[83] "Nós, representantes do povo brasileiro, reunidos em Assembléia Nacional Constituinte para instituir um Estado Democrático, destinado a assegurar o exercício dos direitos sociais e individuais, a liberdade, a segurança, o bem-estar, o desenvolvimento, a igualdade e a justiça como valores supremos de uma *sociedade fraterna*, pluralista e sem preconceitos, *fundada na harmonia social* e comprometida, na ordem interna e internacional, com a solução pacífica das controvérsias, promulgamos, sob a proteção de Deus, a seguinte Constituição da República Federativa do Brasil." (Grifo nosso)

CAPÍTULO 6

ANÁLISE DO CONSENTIMENTO NO HOMICÍDIO

> *Há um interesse social na vida de cada homem. Como já ponderei alhures, se houvesse o direito de morrer, e se viesse a prevalecer o pessimismo de Schopenhauer, segundo o qual "a vida não paga a pena de ser vivida", a sociedade humana não poderia salvar-se do risco de sua própria extinção. Dizia Kant que, para se aferir da licitude ou ilicitude de um determinado fato, cumpria indagar se, imaginada a sua consagração como regra geral, ainda seria possível a vida em sociedade. No caso de conclusão negativa, a ilicitude seria manifesta. É bem de ver que, com tal critério de avaliação, a disponibilidade da própria vida se apresenta como macroscopicamente ilícita.*[84]

O desenvolvimento social fez com que as relações se tornassem mais complexas, aumentando os possíveis conflitos entre a autonomia e o direito à vida, produzindo reflexos na seara penal e ensejando discussões acerca da disponibilidade dos direitos protegidos constitucionalmente. Analisando o desenvolvimento do Direito Penal, salienta José Francisco de Faria Costa:

> O direito penal, tal como qualquer outro ramo do multiversum jurídico, nunca deixou de se transformar. E isto que o olhemos enquanto disciplina ou pensamento articulado que visa a delimitação de um determinado

---

[84] HUNGRIA. Prefácio. *In*: MENEZES. *Direito de matar*, p. 14.

objecto, que o perspectivemos, precisamente, como conteúdo daquele mesmo objecto, quer o vejamos como unidade cultural autônoma cujo sentido último se concretiza na realização do justo. Na verdade, sempre os conteúdos se alteraram e alterarão ao longo dos tempos, da mesma forma que não ficaram nem ficarão estáticos os modos de perspectivar e compreender o direito.[85]

O Consentimento no homicídio tem como ponto central o suposto conflito entre os direitos fundamentais — vida, liberdade e dignidade da pessoa humana —, todos protegidos constitucionalmente. Acerca do tema, são acalorados os debates doutrinários.

Neste capítulo, apresentamos as sínteses dos pontos de vista favoráveis ao consentimento no homicídio, seguida de nossa posição em sentido contrário.

6.1 A vida como pressuposto da liberdade

Segundo Günther Jakobs, a conduta consentida pelo sujeito passivo, no homicídio, não constitui injusto, já que, havendo o consentimento, o próprio titular do objeto tutelado pela norma a desestrutura e viola seu âmbito de proteção.

Para Jakobs, a função do Direito Penal é a garantia da atual configuração da sociedade, que *não é uma instituição para preservação, nem mesmo para maximização de bens; pelo contrário, o que existe é o sacrifício de bens para possibilitar o contato social.*[86] O conteúdo material do delito vincula-se à danosidade social do comportamento, conforme os deveres normativos impostos pela ordem jurídica.

A concepção do autor alemão converte a tutela de bens em proteção das funções; logo, o objeto violado são as expectativas sociais de condutas. Incumbe à pena confirmar a validade da norma penal violada e não proteger os valores fundamentais da comunidade, a fim de garantir a fidelidade ao direito. Fundamenta-se na necessidade de estabilização do sistema social, a fim de garantir a manutenção da sociedade, através de uma coexistência pacífica, visando à superação da tradicional concepção de sistema orientado à proteção do bem jurídico.

Nesse sentido, as lições do Professor Eugênio Pacelli de Oliveira, na apresentação da tradução do *Tratado de Direito Penal*, de Jakobs:

---

[85] COSTA *apud* ZINI. *A consideração do comportamento da vítima na gênese da teoria geral do delito*: uma análise crítica da vitimodogmática, p. 179-180.

[86] JAKOBS. *Tratado de Direito Penal*: teoria do injusto penal e culpabilidade, p. 76.

Surge, então, no sistema penal funcional-sistêmico, a identidade normativa, que vem a ser a compreensão geral das regulações jurídicas, e com a qual se pode definir os âmbitos de organização pessoal na interação comunicativa, de tal maneira que tais ou quais comportamentos sejam conhecidos e esperados pelos membros da sociedade, gerando, pois, e com isso, expectativas de condutas.

A ação contrária à norma penal, como ato de vontade portador de significado que é, causaria, portanto, uma defraudação da expectativa do comportamento esperado. A pena, assim, ao tempo que marginalizaria o sentido do ato praticado, viria confirmar, contrafaticamente, a validade (da vontade contida na) da norma penal contrariada, mesmo após a sua violação. Com isso, e por meio dela, segundo o autor, se daria a estabilização das expectativas, e, mais amplamente, do sistema jurídico e do próprio sistema social. A pena pública, segundo Jakobs, não pode ser reduzida à fórmula "punitur ne peccetur y punitur quia peccatum est", não se prestando à prevenção de delitos futuros, mas à manutenção da configuração normativa concreta da sociedade, que, deste modo, a legitima. Diz ele, a pena pública é a manutenção do esquema de interpretação válida publicamente.[87]

Para o autor alemão, a reafirmação da ordem jurídica cria um sentimento de segurança e confiança, uma vez que o crime revela infidelidade ao direito.

Em uma de suas obras, Jakobs, citando Armin Kaufmann, enfatizou:

> Há uns dez anos, Armin Kaufmann argumentou do seguinte modo a respeito do problema eutanásia-suicídio-homicício a pedido: "o indivíduo é devedor da comunidade, porém somente enquanto vive; em compensação, não está obrigado perante a comunidade a viver. Claro que aqui não se pretende pôr em dúvida a indisponibilidade da vida em sua fundamentação religiosa e quiçá até mesmo moral. Mas isso não permite fundamentar uma norma penal estatal. *Sobre o suicídio e sobre o consentimento no homicídio, cada pessoa tem de decidir por si mesmo.* (...) Isto não é um assunto do Estado.[88] (Grifo nosso)

Dissertando acerca da participação no suicídio, com base no Direito alemão, Jakobs defende a disponibilidade da vida em algumas ocasiões:[89]

---

[87] OLIVEIRA *apud* JAKOBS. Apresentação a (*Tratado de Direito Penal*: teoria do injusto penal e culpabilidade, p. XVI).

[88] JAKOBS. *Teoria da pena, e, suicídio e homicídio a pedido*, v. 3, p. 29-31.

[89] Cf. também JAKOBS. La interrupción del tratamiento médico a petición del paciente y el §216 StGB: homicídio a petición de la víctima, p. 413.

> A impunidade da participação no suicídio indica que o suicídio não é nenhum ato injusto, não há nenhum dever de viver e, em consequência, qualquer um pode, sem necessidade de alegar motivo algum, em qualquer momento, pedir a outro que desista de conservar-lhe a vida; isto significa, especialmente, que se podem omitir as medidas em caso de enfermidade ou de acidente, quando quem assim o solicita — sem necessidade de que exista razão alguma para isso — é uma pessoa responsável.[90]

A teoria de Jakobs admite, excepcionalmente, o consentimento em bens indisponíveis, desde que o agente não viole o âmbito de organização do sujeito passivo, ou seja, sua autoproteção. Nesse sentido, conclui Heloiza Meroto de Luca:

> Jakobs também coloca que no consentimento e na autocolocação em risco a própria vítima atua de maneira imputável em sua auto-organização, desestruturando-a e impedindo que outro o desestruture. Desta forma, não há injusto, pois a organização da vítima não é desestruturada por outrem, mas antes por ela mesma. (...)
>
> Jakobs foi importante ao diferenciar a autolesão da heterolesão, afirmando que o consentimento é indistintamente eficaz a ambos. Também foi importante ao colocar que o consentimento pode ser eficaz mesmo em relação aos bens intercambiáveis, quando sua finalidade for a de evitar um dano ainda maior, pois desta forma pode-se melhor aliar o consentimento à flexibilidade que a teoria da imputação objetiva lhe permite atribuir.[91]

Verifica-se que, para o autor alemão, em que pese à relevância social do tipo penal de homicídio, o consentimento poderá ser eficaz desde que fatores autorizem a lesão, tais como: o estado em que se encontrava o bem, a finalidade da anuência, dentre outros. Percebe-se que o raciocínio de Jakobs faz com que, em alguns casos, o interesse individual prepondere sobre o público, entendendo que a vida pode ser um bem disponível.

Já doutrinadores como Claus Roxin defendem a possibilidade de renúncia ao exercício do direito de viver, fundados na autonomia da vontade da pessoa natural. Para ele, o Direito Penal deve buscar o equilíbrio entre a intervenção estatal e as liberdades individuais, devendo

---

[90] JAKOBS. *Suicídio, eutanásia e Direito Penal*, p. 17.
[91] LUCA. O consentimento do ofendido à luz da teoria da imputação objetiva, p. 802.

apenas assegurar à população uma vida pacífica e livre. O penalista Alemão define os bens jurídicos da seguinte maneira:

> Sobre a base das reflexões anteriores, podem-se definir os bens jurídicos como circunstâncias reais dadas ou finalidades necessárias para uma vida segura e livre, que garanta todos os direitos humanos e civis de cada um na sociedade ou para o funcionamento de um sistema estatal que se baseia nestes objetivos. A diferenciação entre realidades e finalidades indica aqui que os bens jurídicos não necessariamente são fixados ao legislador com anterioridade, como é o caso, por exemplo, da vida, humana, mas que eles também possam ser criados por ele, como é o caso das pretensões no âmbito do Direito Tributário.[92]

Dessa forma, Roxin fundamenta o consentimento na ideia do livre arbítrio e do risco não permitido.

Acerca do risco não permitido, as lições de José Cirilo de Vargas:

> Em uma palavra, risco permitido é aquele não proibido. Certos Autores (não há diferença por nacionalidade, porque, no fundo, tudo se resume aos textos alemães) lançam mão do critério da infração ao dever objetivo de cuidado, para determinar quais ações perigosas não estão cobertas pelo risco permitido. É o mais antigo e tradicionalmente utilizado na definição da ilicitude dos crimes culposos, mas parece ser o mais usado na prática dos tribunais.
>
> Sempre que a conduta é prudente nas situações de risco, e, ainda assim, advém o resultado, este tem de ser levado à conta do fortuito, ou do "infelicitas facti". O motorista prudente e observando as regras de trânsito atropela e mata um transeunte afoito e descuidado é causador de uma morte, mas não no sentido descrito no código penal. Os alemães escrevem, com razão, que o risco é inerente à vida moderna. As viagens aéreas, as corridas de automóvel e a exploração de minas de carvão mineral profundas são atividades perigosas, mas aceitas e estimuladas por nossa época. As regras atinentes a cada uma delas é que devem ser observadas. Do contrário, a vida teria de parar.[93]

Roxin determina o "âmbito jurídico penalmente proibido" conforme o princípio da ponderação entre a proteção de bens jurídicos e a liberdade individual. Salienta o autor alemão:

> A ponderação entre os direitos estatais de ingerência e os direitos civis da liberdade, que na fase da legislação se logra com o auxílio do princípio do

---

[92] ROXIN. *A proteção de bens jurídicos como função do Direito Penal*, p. 18.
[93] VARGAS. *Do tipo penal*, p. 162.

bem jurídico, se torna válida uma vez mais, agora numa segunda fase, na da dogmática, mediante a exigência do risco não permitido. Quando um transeunte se arroja inesperadamente na frente de um veículo conduzido corretamente, sem ter o condutor a possibilidade de evitar o acidente, as conseqüências do fato representam, certamente, uma lesão do bem jurídico, mas elas não fundamentam nenhuma ação típica de lesão corporal ou de homicídio. Por ter o condutor agido de acordo com uma das regras permissivas do tráfego viário, no acontecimento se produziu um risco permitido. Se, ao contrário, o condutor não tivesse respeitado as regras de ultrapassagem, e por causa disso tivesse produzido o acidente, então, aquela conduta anti-regulamentar já comportaria um risco não permitido, cuja materialização fundamentaria uma ação típica de lesão corporal ou de homicídio.

O critério do risco não permitido aporta assim, pois, para o âmbito do injusto, a escala de ponderação entre a intervenção estatal e a liberdade civil. De um lado, o condutor produz, em si, um risco para a vida, a saúde e os bens materiais. Mas, por outra parte, caso se proibisse sua liberdade de deslocamento, restringir-se-ia demasiadamente a qualidade de vida do homem moderno.[94]

Na concepção de Claus Roxin, a função primordial dos bens jurídicos é o livre desenvolvimento do indivíduo, fundamentado na liberdade de ação. Para o autor, o consentimento exclui sempre o tipo, já que a finalidade de todos eles é a proteção da liberdade individual. A agressão aos bens jurídicos, consentida pelo sujeito passivo, não enseja desvalor do resultado. O autor assevera que a conduta consentida não implica lesão do bem, exceto se contrariar os bons costumes:

> Na medida em que se concebe o injusto como um menoscabo do bem jurídico, mediante a realização de um risco não permitido, se produz, por sua vez, um giro do ôntico ao normativo. Causalidade e finalidade são categorias do ser, e as teorias que nelas se baseiam somente podem explicar o que é um homicídio, um dano ou uma lesão, desde esses postulados. Ao contrário, a partir da concepção aqui desenvolvida, cada homicídio — só para ficarmos com este exemplo — pressupõe, certamente, um substrato empírico. Mas a questão de se uma causação da morte representa uma ação homicida é um assunto que deverá decidir-se normativamente, segundo a observância ou a superação do risco permitido.[95]

---

[94] ROXIN. *A proteção de bens jurídicos como função do Direito Penal*, p. 40-41.
[95] ROXIN. *A proteção de bens jurídicos como função do Direito Penal*, p. 42.

Em seguida, acrescenta:

> Alguma vez também poderiam trasladar-se diretamente à dogmática jurídico-penal os resultados obtidos com a doutrina do bem jurídico. Assim o expus em minha primeira conferência, no exemplo de que não é missão do Direito penal proteger os sujeitos responsáveis frente às autolesões conscientes de terceiros, provocadas por eles mesmos. Um paternalismo estatal com intervenção do Direito penal deveria ser admissível só no caso de falta de autonomia na pessoa do afetado. E isso deveria vigorar também para a dogmática jurídico-penal.[96]

Com argumentos semelhantes, defende a argentina Graciela Angulo:

> La intromisión del Estado, significaria un desconocimiento de la autodeterminación y la liberdad de la persona.
>
> Aceptada la premisa de que el bien jurídico vida por regla general es indisponible. He pretendido probar que en determinados casos — por excepción al principio — debe reconocerse la posibilidad de disponer del bien jurídico vida por su titular. Responde, en los casos señalados y en las condiciones exigidas, el ejercicio de su liberdad, su autodeterminación y la dignidad.[97]

Para a autora, o consentimento é uma manifestação da dignidade da pessoa humana e da capacidade de autodeterminação do sujeito passivo. A dignidade da pessoa humana, conceito bastante elástico, impede que o Estado imponha a forma de viver, como se fosse uma apenação.

Hans Joachim Hirsch salienta que diversos penalistas alemães defendem a ausência de punição nos casos de homicídio a pedido:

> Después de que ya Arthur Kaufmann declarara en las Jornadas de Professores de Derecho Penal de 1970 que sería favorable a no incriminar en el futuro el homicídio a petición, y de que el discípulo de Kaufmann Michael Marx haya derivado de um "concepto material de bien jurídico" la impunidad del homocidio a petición, ahora Rudolf Schmitt plantea en su contribución al libro en homenaje a Maurach, titulada ¿Protección jurídico-penal de La víctima frente a sí mesma?, con decisión lo siguiente: en su opinión, la tesis de que ha de quedar impune la autolesión de la víctima há de completarse con la ulterior tesis de que también habría de quedar impune la heterolesión apoyada en un consentimiento de la

---

[96] ROXIN. *A proteção de bens jurídicos como função do Direito Penal*, p. 43-44.

[97] ANGULO. El consentimiento frente a los bienes jurídicos indisponibles, p. 358.

víctima libre de vícios. Desde su punto de vista, el §216 StGB significa ya en el Derecho Penal vigente una contradicción sistemática, y es deseable que el futuro Código Penal no contenga tal regulación. En consecuencia, siempre según Schmitt, también constituye una contradicción sistemática que en el âmbito de las lesiones, en el §226 a StGB, no basta cualquier consentimiento libre de vícios para producir la impunidad; acertada resulta, por el contrario, la propuesta hecha en el §112, párrafo 1, del Proyecto Alternativo. También el la opinión publicada en general aparecen recientemente tales consideraciones.[98]

Assim também se posiciona Heloiza Meroto de Luca:

Nenhum bem jurídico é totalmente irrenunciável, pois sempre depende da gravidade da lesão e das demais circunstâncias fáticas. Até mesmo a vida, bem jurídico de maior relevância ao Direito Penal, é passível de disposição em alguns casos raros, tais como o suicídio e a eutanásia, por entender a sociedade que, neles, a manutenção da vida é mais danosa do que o seu término. Entender de forma diversa, rotulando determinados bens como indisponíveis ou irrenunciáveis, significa extinguir de início a discussão sobre a sua disponibilidade. Isso cria injustiças manifestas, principalmente considerando que os valores sociais estão em constante mudança, exigindo certa flexibilidade do Direito Penal.[99]

Júlio César Faria Zini sintetiza alguns posicionamentos da seguinte forma:

Aquele que não respeitar o mandamento de cuidado está abrindo mão da própria tutela jurídico-penal, uma vez que infringe um valor cultural essencial, seu núcleo básico, fator de blindagem de seus bens jurídicos, bens de caráter microssocial, que tem (o cuidado) como escopo a preservação do convívio social, da própria sociedade e da humanidade. O Direito Penal, como mínimo ético, deve considerar, pois, a auto-responsabilidade da vítima em sua construção dogmática e jurisprudencial. Nas hipóteses em que o sujeito passivo não respeita o mandamento de cuidado, não há que se imputar o fato ao sujeito ativo, já que a vítima aquiesceu na lesão ao bem jurídico.

O tipo total de injusto engloba o desvalor da ação e o desvalor do resultado da conduta do autor, que estão intimamente interligados. Embora praticada uma conduta dolosa ou culposa pelo autor, presente o desvalor da ação, o desvalor do resultado pode ser negativo, isto é, obstado pelo princípio vitimodogmático. A vítima, ao não obedecer o

---

[98] HIRSCH. *Derecho penal*: obras completas, t. II, p. 78.

[99] LUCA. O consentimento do ofendido à luz da teoria da imputação objetiva, p. 755.

mandamento de cuidado, retira o merecimento e necessidade de tutela penal de seu bem jurídico, exatamente por desrespeitar, ela mesma, seu núcleo mínimo, bem como o merecimento e necessidade de pena do autor do fato. Assim, o princípio vitimodogmático atua na parte negativa do tipo total, funcionando como causa de justificação.[100]

De acordo com as posições supracitadas, a partir do instante em que o sujeito passivo adota medidas que não preservam o bem jurídico, não há necessidade de sua proteção e, consequentemente, da tutela penal, exceto se houver risco à sociedade.[101]

O sujeito passivo possui autonomia para escolher os bens a serem preservados, responsabilizando-se pelos eventuais danos decorrentes de sua opção. Havendo manifesta autorização do portador do bem, ocorre a autorresponsabilidade do sujeito passivo e a consequente exclusão da responsabilidade do agente.

Trata-se de aplicação do princípio vitimológico, segundo o qual o Direito Penal não tutela os casos em que o sujeito passivo não necessita ou dispensa a proteção estatal. O sujeito passivo, mediante a manifestação de sua vontade, pode permitir a ingerência em seus bens jurídicos, excluindo a conduta do âmbito de proteção do Direito Penal.

Nesse sentido, sem se referir ao consentimento, defende a Professora Daniela de Freitas Marques:

> Não é possível ignorar a liberdade da pessoa humana nas escolhas relativas à própria existência: na escolha da "verdade que seja verdadeira para mim" ou na escolha da "idéia pela qual eu possa viver e morrer".

---

[100] ZINI. *A consideração do comportamento da vítima na gênese da teoria geral do delito*: uma análise crítica da vitimodogmática, p. 159.

[101] Encontramos, na jurisprudência pátria, os seguintes julgados admitindo a ausência de punição nos casos em que a vítima assume o risco da produção do resultado:
Tribunal de Justiça de Minas Gerais:
APELAÇÃO CRIMINAL Nº 1.0407.03.003690-6/001 – COMARCA DE MATEUS LEME – APELANTE(S): MINISTÉRIO PÚBLICO DO ESTADO DE MINAS GERAIS – APELADO(A) (S): GERALDO MAGELA RODRIGUES – RELATOR: EXMO. SR. DES. ALEXANDRE VICTOR DE CARVALHO. ACÓRDÃO. Data do julgamento: 18.07.2006. Data da publicação: 18.08.2006.
Número do processo: 2.0000.00.319282-7/000(1). Relator: ERONY DA SILVA. Relator do Acordão: Não informado. Data do Julgamento: 06.02.2001. Data da Publicação: 24.02/2001.
Número do processo: 2.0000.00.364972-1/000(1). Relator: ANTÔNIO ARMANDO DOS ANJOS. Relator do Acordão: Não informado. Data do Julgamento: 06.08.2002. Data da Publicação: 17.08.2002.
Fonte: www.tjmg.jus.br/juridico. Acesso em: 04. out. 2010.
Superior Tribunal de Justiça:
HABEAS CORPUS Nº 46.525 – MT (20050127885-1)
Disponível em: <http://www.stj.jus.br/SCON/jurisprudencia/toc.jsp?tipo_visualizacao=RE SUMO&processo=46525&b=ACOR>.

As escolhas abundantes ou escassas são postas como verdade que a todos alcança e a todos obriga, como um espelho que mostra os ideais anelados ou as próprias caricaturas. Aliás, a pedra de toque da própria existência é a escolha e, por esta razão, ao fim e ao cabo, a pessoa humana torna-se responsável pelas luzes e sombras das conseqüências dela advindas.[102]

Essas posições induzem a admitir o sacrifício da vida, pela liberdade, ensejando o consentimento no homicídio. Porém, entendemos que a vida é indispensável para a existência da liberdade, que não pode ser utilizada como mecanismo de autodestruição legitimada pelo Estado. O interesse público é elemento indispensável na vida em sociedade, prevalecendo em face da vontade do particular. O Estado, ao tutelar direitos públicos, assim procede independente do interesse pessoal.

Os defensores do consentimento no homicídio desvirtuam a ideia de autonomia, concedendo-lhe caráter absoluto e ilimitado. Esquecem-se de que a liberdade de um sujeito é limitada pela do outro, pela ordem pública e pelo interesse social. O homem, sob a alegação de autonomia, não pode violar os bons costumes e os direitos da personalidade mais elementares. Caso contrário, teríamos de admitir o consentimento como válido para que o sujeito fosse escravizado, trabalhasse 24 horas sem qualquer direito trabalhista, ou até mesmo fizesse uso de drogas. Porém, tais hipóteses são evidentemente abuso de direito.[103]

Há, ainda, nos argumentos favoráveis ao consentimento no homicídio, um desvirtuamento do princípio da dignidade da pessoa humana, já que todos têm o mesmo valor, independentemente de suas situações pessoais. Admitir o consentimento com fundamento na dignidade da pessoa humana é valorar cada vida de forma diversa.

Ora, toda vida tem dignidade, ainda que o sujeito se encontre no mais alto grau de depressão. A dignidade é inerente à vida. Conceder uma conotação subjetiva ao princípio provocaria uma manipulação do Texto Constitucional, legitimando qualquer conduta tendente à disposição da vida. Bastaria o sujeito "entender" que não vale a pena viver, para poder dispor de sua dignidade.

Nesse sentido, Mônica Silveira Vieira:

> Em vista de tudo isso, impõe-se a consideração de que, em face da inaceitável utilização do princípio da dignidade humana para legitimar

---

[102] MARQUES. *Sistema jurídico-penal*: do perigo proibido e do risco permitido, p. 17.

[103] No mesmo sentido, cf. DIAS. *Direito Penal*: parte geral, t. I, p. 480.

causas contraditórias, deve-se definir uma única posição como adequada, porque ambas não podem prevalecer concomitantemente. Diante dos princípios afirmados pela Constituição, especialmente a defesa da vida humana, não há dúvida de que o princípio da dignidade implica, necessariamente, reconhecer que todo ser humano é pessoa, portanto intrinsecamente digno, não podendo sua vida ser abreviada nem prolongada desproporcionalmente, devendo-se sempre lhe garantir viver o seu tempo de vida, como a natureza — ou Deus, para os crentes — determinar, com respeito, carinho, afeto, amor, atenção, desde a concepção até o momento em que sua morte definitivamente for constatada.[104]

Portanto, os argumentos favoráveis ao consentimento no homicídio, fundamentados, sobretudo, no princípio constitucional da liberdade, nada afetam o caráter indisponível da vida. Ao contrário, surgem como imprescindíveis ao seu reconhecimento, pois a preservação do homem relaciona-se com a paz e a segurança social.

A sociedade hodierna é marcada pela busca de um conforto pleno, pautada na falácia do homem como ser absolutamente livre, ainda que em prejuízo do outro. Ceifa-se a noção do valor da vida humana. Argumenta-se que o homem tem direito à plena liberdade, o que seria essencial à sua dignidade e premissa para o exercício dos demais direitos. Sob esse prisma, a partir do momento em que o indivíduo, exercendo a liberdade, opta por arriscar-se à morte, o direito constitucional à vida é suprimido. Entretanto, a proteção à vida constitui obrigação para o Estado e direito do cidadão, que não possui um poder de livre disposição sobre ela.

O Texto Constitucional, ao tutelar a vida, não a diferencia entre "vida aceita" e "vida não aceita". Pelo contrário, ele a tutela de forma global, sem condicionamentos ou qualificações. Ainda que o sujeito não queira viver, a sua vida existe e é uma realidade do mundo do ser, sendo protegida pela Carta Magna. Há, em toda forma de vida, uma dignidade que lhe é intrínseca e tutelada pela Constituição Federal. O ser, ao nascer, torna-se instantaneamente sujeito perante o Direito, ainda que não queira.

O surgimento da vida não depende de aceitação ou vontade do ser nascente. A morte, do mesmo modo que o nascimento, também não depende da vontade, sendo consequência inexorável do tempo. Tanto a vida como a morte devem ocorrer natural e necessariamente como parte da existência. A proteção constitucional à vida não é dotada de

---

[104] VIEIRA. *Eutanásia*: humanizando a visão jurídica, p. 201.

aspecto individualista e subjetivista, possuindo um valor subjacente à pessoa, não cabendo a escusa da desistência de viver.

O atual desenvolvimento da sociedade, especialmente dos meios de comunicação, que pregam o indivíduo como ser absolutamente livre, fez com que o homem se esquecesse da proteção à vida e de como foi difícil dotar a humanidade de constituições em que o ser humano se situasse no centro do ordenamento jurídico. Esquece-se de todo o histórico de luta!

A defesa primordial da vida é e será sempre a dominante fundamental do ordenamento jurídico, embora a ideia de liberdade seja essencial em um Estado Democrático de Direito. A liberdade não pode autorizar a própria morte, porque estaria ceifando-se a si mesma, devendo amalgamar-se com a proteção da vida, implicando obrigações em relação ao Estado e aos outros. A liberdade não é algo que existe por si e em si. Ela é uma manifestação da vida. Não é possível admitir-se que a liberdade possa eliminar a sua própria razão de ser. Cada vez que a liberdade elimina a vida, ela própria morre.

A vida é pré-requisito para a existência de todos os outros direitos protegidos constitucionalmente, já que sua supressão implica necessariamente o fim da pessoa e, consequentemente, de todos os direitos e garantias individuais. Sem vida, não há pessoa humana e muito menos liberdade!

A efetividade dos direitos constitucionais depende do seu exercício, e este é impossível sem vida. Sem vida, não há como exercer o direito à liberdade. A vida é sustentáculo e pressuposto ontológico de todos os demais direitos, inclusive a liberdade, utilizada nefastamente para legitimar o consentimento no homicídio. Nesse sentido, salientou o Professor Dalmo de Abreu Dallari:

> Entre os valores inerentes à condição humana está a vida. Embora a sua origem permaneça um mistério, tendo-se conseguido, no máximo, associar elementos que a produzem ou saber que em certas condições ela se produz, o que se tem como certo é que sem ela a pessoa humana não existe como tal, razão pela qual é de primordial importância para a humanidade o respeito à origem, à conservação e à extinção da vida.[105]

A tutela à vida é um meio necessário de proteção das relações humanas e do equilíbrio social. Entendimentos em sentido contrário

---

[105] DALLARI. *Bioética e direitos humanos*. Disponível em: <http://www.portalmedico.org.br/biblioteca_virtual/bioetica/ParteIIIdireitoshumanos.htm>.

retrocedem na evolução do Direito Constitucional, ao concederem à vida *status* de coisa,[106] que, *como objeto de direito, sofre a dominação do sujeito*.[107] A vontade de renunciar à vida sempre foi e será defendida por pessoas que se sentem infelizes, alegando que não podem ser condenadas a viver. Nunca haverá consenso no tocante à sua indisponibilidade! Porém, a ausência de consenso não pode ser pressuposto para a renúncia ao bem maior.[108] A aceitação da vida inicia-se no nascimento e termina na morte.

A proteção da vida contra a atividade finalisticamente dirigida à morte é uma obrigação Estatal. O Estado sequer tem o direito de legislar em sentido contrário à proteção da vida, sob pena de atuar com desvio de poder e, com seu comportamento institucional, lesar a sociedade.

Não podemos admitir o argumento de que os princípios constitucionais da liberdade e dignidade da pessoa humana autorizariam a disponibilidade da vida. No caso do consentimento no homicídio, há um conflito aparente entre a autonomia pessoal e o direito/dever à vida, ou seja, entre o interesse individual e o social, já que cabe ao Direito Penal proteger tanto os bens jurídicos quanto a autodeterminação das pessoas.

Por um lado, o Direito Penal não pode tutelar apenas a autonomia individual, já que é um ramo do Direito Público, essencial à manutenção e desenvolvimento da sociedade. Por outro, a autonomia individual é essencial para a manutenção da ordem social. Dessa forma, soluciona-se a questão através da seguinte análise: o interesse do sujeito passivo na morte prepondera sobre o da sociedade?

Pende em desfavor do consentimento no homicídio a natureza do bem e o interesse público, pois que não há norma constitucional ou legal capaz de conceder ao indivíduo o direito de vida sobre um cocidadão. Aquele que mata, fundamentado no consentimento, não age conforme a moral e os bons costumes. Pelo contrário, utiliza-se da covardia do sujeito passivo, que, por não ter coragem de se matar, lhe concede o consentimento. Há evidente pusilanimidade do consenciente, que torna possível a conduta do sujeito ativo, além do vício do consentimento.

Entendemos que limitada está a autonomia do indivíduo por critérios que protegem a vida — como, por exemplo, a punição para o homicida —, bem sob tutela estatal, mesmo com a anuência de seu titular na morte.

---

[106] PEREIRA. *Instituições de direito civil*, v. 1, p. 254.

[107] BRUNO. *Direito Penal*, t. IV, p. 64.

[108] Nesse sentido, cf. ASCENSÃO *apud* CARVALHO. *O domínio da vida do embrião*: limites do poder de decisão dos genitores, p. 142.

6.2 O interesse social na preservação da vida

A eliminação de uma vida não viola apenas o interesse particular, já que retira da comunidade um ser humano que desempenhava um papel social, ou seja, há um interesse geral do ordenamento jurídico na preservação da vida.

A sociedade é formada pela necessidade dos seres humanos, com seus aspectos individuais e comportamentais, se ajudarem mutuamente, mesmo conservando sua individualidade. Toda vida em sociedade é um compromisso com o outro, já que o homem não subsiste, seja do ponto de vista material, espiritual ou psicológico, sem a sociedade.

Para que essa sociedade se perpetue, faz-se necessário que o Estado preserve a existência de cada indivíduo para que ele cumpra seu papel social. O homem não vive insulado, tendo nascido para viver em sociedade, o que realça o interesse social da vida, como se verifica em *A vida e as estranhas aventuras de Robinson Crusoé*, de 1719, do romancista Daniel Defoe.[109] Há em cada vida um indeclinável interesse social em sua conservação.[110]

Não há homem que não seja dotado de valor social; todos têm utilidade na sociedade, ainda que no leito de morte sem qualquer reação. A vida humana é um bem primordial para a sociedade, já que cada indivíduo integra a estrutura da comunidade. A vida tem um valor inerente, pois é fundamento do Estado e da sociedade.[111] Não há como negar a morte como um fato social.

Demonstrando o valor de cada ser humano, salientava Ivair Nogueira Itagiba, citando o pensamento de Campanella:

> O nosso pensamento afina-se, neste ponto, com o sentimento da gente daquele país imaginado por CAMPANELLA, em que o Sol, eleito como papa, por um grupo de magistrados, tem a colaboração do ministério da Potência, ou da guerra e diplomacia, da Prudência, ou das artes, educação e obras públicas, e do Amor, ou da perpetuação da espécie e do aperfeiçoamento físico da raça, e se aproveita de todos os homens. Ali todos têm utilidade... A ociosidade não é permitida... Os velhos são chamados a dar conselhos; o coxo vigia, empregando os olhos; o cego usa das mãos para desfiar lã e preparar plumas para leitos e travesseiros;

---

[109] No livro, Robinson Crusoé, o único sobrevivente de um naufrágio, é abandonado numa ilha, onde vive sozinho durante vinte e oito anos, antes de encontrar o índio Sexta-Feira.

[110] No mesmo sentido, cf. CHAVES *apud* PEDROSO. *Homicídio, participação em suicídio, infanticídio e aborto*, p. 27.

[111] No mesmo sentido, cf. RAMACCI. *I Delitti di omicidio*, p. 48.

os a que a natureza privou de olhos e mãos prestam serviços à república com os ouvidos e a voz; aquêle, enfim, que só possui um membro deve utilizá-lo como melhor for...[112]

Não podemos admitir, de forma alguma, a banalização da vida humana, concebendo-a como algo que interessa apenas ao indivíduo. A intangibilidade da vida prepondera sobre a vontade individual, havendo interesse do Estado em sua preservação, diante da evidente relevância social. A morte é uma consequência da vida. A vida não é um bem que se acaba conforme a livre vontade de um de seus titulares, pois é necessária à sociedade. Não há como outorgar ao homem a escolha de um bem que não serve somente a si. Afinal de contas, a morte não é um direito subjetivo do indivíduo. Assim já lecionava Pontes de Miranda:

> Pensou-se que o direito à vida implicava direito à morte. O homem, se tem direito de viver, tem direito de morrer. A sociedade não teria interesse a pregar a vida quem não a quer. O suicídio seria saída voluntária do círculo social. O sofisma ressalta. A todo direito corresponde dever, mas dever de outrem; a toda pretensão corresponde obrigação, mas obrigação de outrem; a toda ação, ou toda exceção, a posição passiva de outrem. Se o sujeito passivo é total, o próprio titular está incluído, no que se possa evitar a confusão. Não há como se tirar do direito de viver o direito de morrer.[113]

O interesse público na preservação de bens jurídicos revela-se também através do artigo 100, do Código Penal,[114] ao prever a existência das ações penais públicas, além da Constituição Federal, em seu artigo 129, I,[115] ao prever o princípio da obrigatoriedade, segundo o qual o Ministério Público é obrigado a promover a ação penal se, diante de seu juízo, vislumbrar um ilícito penal. Em regra, a ação penal é pública incondicionada, ou seja, ainda que o sujeito passivo manifeste contrariamente ao ajuizamento da ação penal, o Estado, através do Ministério Público, está obrigado a promovê-la.

A previsão das ações penais públicas incondicionadas demonstra que o ordenamento brasileiro tutela diversos bens jurídicos independentemente do interesse do sujeito passivo. Com muito mais razão,

---

[112] ITAGIBA. *Do homicídio*, p. 100.

[113] PONTES DE MIRANDA. *Tratado de direito privado*, t. VII, p. 15-16.

[114] "Art. 100 – A Ação Penal é Pública, salvo quando a lei expressamente a declara privativa do ofendido."

[115] "Art. 129. São funções institucionais do Ministério Público:
Promover, privativamente, a ação penal pública, na forma da lei (...)."

a tutela estatal aplica-se à vida. A natureza pública da ação penal no caso do homicídio revela o interesse público na preservação da vida.

6.3 O equivocado argumento embasado no suicídio

O suicídio, também denominado "autoquiria" ou "autocídio", pode ser definido como a deliberada destruição da própria existência. Ao longo da história, tornou-se fato corriqueiro, inclusive através de suicídios coletivos,[116] sendo muitas vezes incentivado, como no exemplo do filósofo Hegesias, citado por Ivair Nogueira Itagiba:

> O pessimismo de HEGESIAS, trezentos anos antes de Cristo, ecoa até hoje. Êsse filósofo da escola cirenaica dizia que a vida era terrível engano; melhor seria morrer; pareceu-lhe que o ideal da morte era o maior de todos os ideais. Saiu a campo organizando grêmios suicidas, induzindo a muitos o próprio extermínio.
>
> HEGESIAS atingiu, todavia, os oitenta anos. Perguntou-se-lhe a razão por que insolitamente aconselhava o suicídio, e não punha em prática consigo mesmo as idéias pregadas com tanto ardor. A resposta foi pronta: "Tenho para mim que sou a única pessoa que na Grécia é capaz de persuadir a juventude ao suicídio. Se eu morrer, não haverá quem me substitua. É penoso, bem o sei; corre-me, porém, a obrigação de viver para que me seja possível aos outros ensinar o prazer delicioso da morte".[117]

Alguns autores, como Enrico Ferri, equivocadamente, afirmam que o Estado, ao deixar de punir o suicida, estaria legitimando o consentimento. Ferri, autor da monografia *L'omicidio-suicidio*, defensor da regra *volenti non fecit injuria*, defendia o consentimento do sujeito passivo como descriminante no homicídio e na participação em suicídio, conforme elucida Nelson Hungria:

> Rejeitando o conceito filosófico, de que a vida é um direito inalienável, a Escola Positiva, por intermédio de FERRI, proclamou o direito de morrer e, conseqüentemente, chegou à conclusão de que o consentimento da vítima é uma descriminante no homicídio. Se o direito à vida — diz o autor de *L'omicidio-suicidio* — é tangível e anulável em certos casos, quer por parte do Estado (pena de morte), quer por parte de um particular

---

[116] Cite-se, como exemplo, o suicídio coletivo perpetrado na Guiana pelo grupo religioso "Templo do Povo", em 19 de novembro de 1978, quando 912 pessoas se mataram ao ingerir uma bebida com cianureto, por sugestão de seu líder Jim Jones.

[117] ITAGIBA. *Do homicídio*, p. 100.

(legítima defesa, estado de necessidade), tal direito também pode ser abdicado ou renunciado por parte do seu titular. Nem a família nem a sociedade têm um verdadeiro e próprio direito à vida de cada um de seus membros. Que a sociedade e a família tenham, em regra, interesse na existência de cada um dos seus membros é inegável; mas interesse não é direito, pois que um deriva da simples utilidade, outro da imprescindível necessidade: faltando esta, inexiste o direito.[118]

Nesse sentido, citamos a seguinte passagem de uma das obras de Ferri:

O crime é a lesão de um direito ou bem jurídico doutrem, mas, subentende-se, levada a efeito contra a vontade do titular de tal direito ou bem. E nisto — antes de tudo — está a anti-socialidade do ato e a periculosidade criminal do seu autor.

Mas se o titular do direito — sujeito passivo — consente na sua lesão, que valor terá este consentimento para a responsabilidade penal do sujeito ativo? (...)

Pelo que, se o sujeito ativo realizou o fato por motivos altruístas (piedade, amizade, solidariedade, etc.) e é homem de bons precedentes, que agiu em boa fé, o consentimento do sujeito passivo tem sempre a eficácia de reduzir ao mínimo (digna de perdão) a delituosidade do ato, mesmo na morte do consenciente.[119]

Enrico Ferri legitimava o consentimento com base na ausência de punição pelo Estado para o suicídio, afirmando que a não incriminação do suicida implica aceitação do direito à própria morte.

O argumento é absolutamente questionável. A conduta do suicida não incide em punição para aquele que deserta sua vida por motivos óbvios: em caso de consumação, pela impossibilidade lógica, já que não há como aplicar a pena ao cadáver; no caso da tentativa, há completa desnecessidade de punição, diante da angústia do suicida, que sequer se atemoriza com a privação da própria vida, ensejando a ausência de punição por razões humanitárias. Portanto, na consumação, há evidente impossibilidade prática e, na tentativa, a ausência de punição deriva de razões de política criminal. Leciona Aníbal Bruno:

Se o fato se consumou, o agente deixou de existir e escapou ao Direito Penal, como escapou à vida. Se o ato falhou, a pena que se impusesse ao

---

[118] HUNGRIA. *Comentários ao Código Penal*, p. 129.
[119] FERRI. *Princípios de direito criminal*, p. 374-376.

seu autor viria confirmá-lo mais ainda na deliberação de morrer. Demais, não haveria oportunidade para o exercício de qualquer das funções da pena, nem a ação segregadora, porque aí autor e vítima estão dentro do mesmo indivíduo, nem a influência intimidativa, porque quem não temeu a morte e angústia de matar-se não poderá ser sensível à injunção de qualquer espécie de pena, e somente fora de todo domínio penal, e mesmo do poder público, se poderia exercer sobre o suicídio frustrado uma influência emendativa ou dissuasória.[120]

A ausência de punição para o homicida não implica licitude da conduta, que se revela contrária aos interesses morais e sociais. Tanto é verdade que a incriminação da participação no suicídio é justificável pelo interesse público, já que a vida é dotada de função social, sendo sua tutela de imperiosa necessidade.

Leciona Nelson Hungria:

> O direito, como *proportio hominis ad hominem* (na famosa expressão de Dante), importa, necessariamente, a relação com um alter ou uma coisa distinta do "eu". A vida não é um bem que se aceite ou se abandone *ad libitum*. Só se pode renunciar o que se possui, e não também o que se é. O direito de viver não é um direito sobre a vida, mas à vida, no sentido de correlativo da obrigação de que os outros homens respeitem a nossa vida. E não podemos renunciar o direito à vida, porque a vida de cada homem diz com a própria existência da sociedade e representa uma função social.[121]

Adotando-se o referido entendimento, diante do valor moral, entendendo que o ordenamento jurídico outorga um direito "à" vida e não "sobre" a vida, o próprio Código Penal brasileiro autoriza a coação que se exerce para impedir a consumação do suicídio, nos termos do artigo 146, §3º, II, do CP.[122] Inclusive, o legislador brasileiro, para

---

[120] BRUNO. *Direito Penal*: parte especial, t. IV, p. 134.

[121] HUNGRIA. *Comentários ao Código Penal*, v. 5, p. 227.

[122] "Art. 146 – Constranger alguém, mediante violência ou grave ameaça, ou depois de lhe haver reduzido, por qualquer outro meio, a capacidade de resistência, a não fazer o que a lei permite, ou a fazer o que ela não manda:
Pena – detenção, de 3 (três) meses a 1 (um) ano, ou multa.
§3º – Não se compreendem na disposição deste artigo:
I – a intervenção médica ou cirúrgica, sem o consentimento do paciente ou de seu representante legal, se justificada por iminente perigo de vida;
II – a coação exercida para impedir suicídio."

CAPÍTULO 6
ANÁLISE DO CONSENTIMENTO NO HOMICÍDIO | 81

proteger a vida humana, previu, no artigo 122 do Código Penal brasileiro, a punição para aquele que auxilia, instiga ou induz [123] alguém ao suicídio. Verifica-se que é um caso em que o legislador optou por punir a participação em um comportamento — a própria morte — que em si não é punível, por impossibilidade no caso de consumação, ou por política criminal no caso da tentativa.

A proteção à vida humana — bem de incontestável relevância — justifica a causa de aumento de pena, elencada no artigo 122, II, do Código Penal brasileiro, segundo a qual, se o sujeito passivo tem sua capacidade de resistência diminuída (*v.g.*, sob efeito de álcool, doente) ou é menor de idade, aplica-se ao partícipe a pena em dobro,[124] em decorrência da maior propensão daquele para a morte, o que aumenta a probabilidade de produção do resultado.

Ademais, o Estado não fomenta o suicídio, tanto que pune a participação como crime autônomo. Logo, não há um direito subjetivo ao suicídio, até mesmo porque a punição para o partícipe demonstra o interesse Estatal na preservação da vida.

Através de uma interpretação sistemática, conclui-se que, se o próprio legislador previu a punição para o partícipe no suicídio, com muito mais razão exige-se a reprimenda penal para aquele que mata outrem. Não nos parece sensato punir o agente provocador e deixar impune aquele que realiza a conduta típica. Referida conclusão decorre da própria regulação penal da proteção à vida, já que o bem jurídico atingido é o mesmo, em ambos os casos.

Não há como deixar de indagar àqueles que defendem a ausência de punição no consentimento no homicídio: a reprimenda penal deve existir para aquele que induz outrem à morte e inexistir para o que produz a morte de outrem? Que critério é esse? É evidente o juízo de maior reprovabilidade no ato daquele que põe fim à vida do outro, em face do que auxilia, instiga ou induz. A conduta, no primeiro, consiste na execução, na ação violenta que se adéqua ao tipo legal de homicídio. Já no segundo, há uma atividade acessória, que adquire relevância jurídica por aderir à vontade do agente que se mata (ou tenta).

A única resposta satisfatória é que o nosso Código Penal reprime as duas formas. No caso da participação no suicídio, como delito autônomo e, na morte consentida, como homicídio, já que o comportamento daquele que mata o consenciente se ajusta ao tipo do artigo 121.

---

[123] No primeiro caso, auxílio, o agente, através de meios materiais, atua para que a autoquiria se consuma. No segundo caso, instigação, o agente robustece a ideia já concebida pelo sujeito passivo. No terceiro caso, indução, o agente incute, cria o ânimo do sujeito passivo.

[124] É óbvio que, se a capacidade de resistência for nula, o sujeito ativo responde por homicídio.

6.4 Considerações morais

Há, ainda, considerações morais, pois a ordem jurídica atribui à vida um valor inestimável, não cabendo a um ser humano auxiliar outro a privar-se de sua existência.

Não podemos admitir a falsa premissa de que a ideia de solidariedade, ou seja, o auxílio àquele que não quer viver para que alcance seu intento, excluiria a punição no homicídio consentido. A solidariedade conduz, obviamente, à preservação da vida, através da abnegação em prol daquele que sofre.

Não podemos nos esquecer de que grande parte dos cidadãos que consentem na própria morte o fazem em instantes de capacidade de resistência reduzida em face das dificuldades da vida, em decorrência de momentos passageiros, às vezes de angústia, outras de exaltação sob a ideia de superar obstáculos.

Atinente a esse fato, o próprio Código Penal brasileiro, conforme já ressaltado, pune com aumento de pena em dobro o agente que auxilia, induz ou instiga à prática do suicídio aquele que se encontra com a capacidade de resistência diminuída. Inclusive, muitas mortes seriam consentidas partindo-se de notícias errôneas, como um diagnóstico de câncer equivocado ou a notícia errada da morte de um parente, ou até de problemas quotidianos, como a perda do emprego.

É evidente que, muitas vezes, o sujeito passivo encontra-se coagido por fatores degradantes, sendo que bastaria o fornecimento das informações corretas ou um curto espaço de tempo para que o sujeito pudesse assimilar aquela nova realidade, desistindo da própria morte. Enfim, o desejo do sujeito passivo é de duvidosa consistência jurídica, pois dominado por sentimentos passageiros de emoção e angústia, muitas vezes fundamentados em fatos inverídicos da vida.

Diante dessas hipóteses, não podemos atribuir o consentimento à vontade livre do sujeito passivo, que normalmente pretende apenas acabar com a penúria, estando em estado de desespero. O sofrimento psíquico do sujeito passivo impede que atue com autodeterminação, muitas vezes nem se encontrando no gozo de suas faculdades mentais, necessitando apenas de socorro.

Autorizar o consentimento incentivaria a morte prematura dessas pessoas, que não teriam uma intenção permanente no consentimento. Constata-se, assim, que essa manifestação da vontade pode ser movida por sentimentos instantâneos que, em caso de execução da ação, ensejam lesão irreparável. O sujeito que se encontra nesse estado psíquico não possui a completa imputabilidade, tanto que o Código Penal brasileiro,[125] em seu artigo 26, parágrafo único, prevê a responsabilidade diminuída de um a dois terços, no caso de cometimento de crime.

6.5 O incremento da criminalidade

A sociedade moderna vive uma época em que a criminalidade se expande de forma alarmante. Autorizar o consentimento na tutela do bem jurídico mais importante significa mais um pretexto para o menosprezo da vida, além de um incentivo para o crime, gerando até mesmo o retorno dos rituais de morte que marcaram a história da humanidade. Certamente, surgiriam profissionais especializados em "injeções letais".

A prevenção geral através da ameaça da pena certamente intimida os homens, inibindo a ação. A ausência de punição nessas hipóteses incrementaria o número de mortes, incentivando o homicida de amanhã, através da certeza da impunidade. Criaria, no psiquismo do agente, a ideia de que a vida já não tem tanto valor. Assim, tornaria os inclinados para o homicídio mais capazes de executarem suas ações delituosas.

Outra drástica consequência do consentimento legitimado pelo Estado seria o incentivo à degradação moral, fazendo com que as pessoas perdessem ainda mais o sentido da vida, debilitando a inibição psíquica frente ao ato de matar. Por via oblíqua, abrir-se-iam caminhos para outras formas de ceifar a vida, o que é inadmissível, pois contribuiria para a desmoralização do Direito. A vida perderia a sua preciosidade, incentivando-se até mesmo a constitucionalização da pena de morte, desmoralizando a sociedade. Ademais, legitimando o consentimento no homicídio, incentivaríamos a morte eugênica, decorrente da situação de pobreza e miserabilidade à qual é submetida parte da população brasileira.

O empobrecimento da população, o aumento das filas no Sistema Único de Saúde (SUS) e o incremento da expectativa de vida fariam com que a morte fosse cada vez mais incentivada. Em uma sociedade que valoriza principalmente o dinheiro, o prazer e a beleza, inúmeras mortes seriam atribuídas a falaciosos consentimentos que muitas vezes seriam provocados ou forjados.

---

[125] "Parágrafo único – A pena pode ser reduzida de um a dois terços, se o agente, em virtude de perturbação de saúde mental ou por desenvolvimento mental incompleto ou retardado não era inteiramente capaz de entender o caráter ilícito do fato ou de determinar-se de acordo com esse entendimento."

Não há dúvida! A autorização para o consentimento, principalmente nos casos de eutanásia, provocaria um incremento no número de mortes nos hospitais, que seriam incentivados, inclusive, por profissionais de saúde. O motivo é óbvio. Em um sistema de saúde falido, é mais fácil incentivar a morte do enfermo, liberando os leitos para que outros pacientes tenham acesso à saúde, do que dotar o Estado de condições para atender a toda a população. A escassez de recursos em saúde seria utilizada como argumento para legitimar a morte dos enfermos. Infelizmente, essa prática já ocorre em alguns hospitais públicos.[126]

---

[126] Como exemplo, a matéria veiculada no Portal G1, da Rede Globo:
"Piauí – **Falta de leitos faz médico selecionar paciente**.
No principal hospital do Piauí, a superlotação é uma cena comum.
Enquanto isso, outros dois hospitais em obras estão abandonados.
Por falta de vagas na UTI, todos os dias os médicos do principal hospital do Piauí têm de decidir quais pacientes serão internados enquanto as obras de dois grandes outros hospitais estão abandonadas.
Talita tem 6 anos e nasceu com uma deformação nos dois pés. Há pelo menos dois anos, a menina espera por uma vaga para fazer a cirurgia em um hospital de Teresina. 'Quem tem dinheiro não precisa de governo. Ele vai e faz. Mas quem não tem (dinheiro) precisa encarar a fila mesmo e esperar', diz Maria das Graças Silva, mãe de Talita.
Nos corredores do Hospital Getúlio Vargas, a superlotação é cena comum. Lá, os médicos quase sempre são obrigados a fazer uma difícil escolha. 'No pronto-socorro existe um grande número de pacientes que necessitam de UTI e não temos o número de vagas necessárias. Então, tem que decidir quem vai viver e quem não vai viver. Infelizmente, essa é a realidade que a gente vive hoje', diz o médico do pronto-socorro Felipe Pádua.
'Esse dilema é um sofrimento nosso. Eu, como plantonista da UTI, tenho que escolher. Tem três ou quatro pacientes e a gente fica escolhendo qual é o mais viável, qual o mais fraco. É difícil a gente tomar essa decisão', diz o diretor José Cantuária.
'Então mortes acontecem?', indaga a repórter, 'Devem acontecer mortes por falta de UTI', diz o diretor José Cantuária.
Estrutura grandiosa
Enquanto faltam vagas no Getúlio Vargas, no hospital universitário do estado, que está em obras há 18 anos, apenas o ambulatório funciona. Nossa equipe esteve em uma parte desocupada do prédio e encontrou uma estrutura grandiosa: salas com aparelhos de ar-condicionado e móveis. Sem uso, tudo está se deteriorando.
O desperdício parece não ter fim: um equipamento de raio X, por exemplo, foi adquirido ainda no início da construção do hospital. Ele foi instalado, mas até hoje nunca funcionou. Segundo os técnicos, a tecnologia é ultrapassada e não existem peças para reposição, um problema que é também de vários outros aparelhos do hospital. 'Ainda existem alguns equipamentos que estão sem uso porque foram equipamentos comprados para quando o hospital funcionasse', diz Carlos Iglezias, médico e diretor do hospital universitário.
Hospital nunca funcionou
Outro exemplo de desperdício de dinheiro público no Piauí é o hospital de urgência de Teresina, uma obra que começou a ser construída há 16 anos e avaliada em R$14 milhões, mas que nunca funcionou.
Hoje a estrutura está quase concluída. Muitos equipamentos já foram comprados: macas, cadeiras e até uma cozinha industrial completa. A capacidade deste hospital é de 300 leitos e 90% dos recursos são do governo federal, mas não há previsão de inauguração.
'O dinheiro vem a prestações, então, não tem condições de pegar a obra e terminar. Toda obra parada é como uma casa. Se você sai da casa e passa algumas semanas sem ir lá,

Profissionais de saúde, mal-intencionados, utilizariam o falacioso argumento de que as quantias expendidas com os pacientes terminais seriam mais bem empregadas no tratamento daqueles enfermos com mais possibilidades de cura. Seria o caos e, mais uma vez, os prejudicados seriam os menos abastados.

Muitos consentimentos não seriam decorrentes de vontade própria, mas fruto de influência de terceiros, decorrentes de estado pessoal do indivíduo. Obviamente, nesses casos, os terceiros deveriam responder por participação em homicídio, porém, haveria enorme dificuldade na produção probatória.

Além disso, há que se considerar a dificuldade de se provar os casos em que a morte não seria decorrente de consentimento, pois o sujeito ativo se utilizaria desse argumento acrescido do conhecido princípio *in dubio pro reo*.

Portanto, a punição, nos casos de homicídio consentido, é uma obrigação do Estado, que deve rarear a morte, reprimindo os atos que perturbem a harmonia social e evitando o desprezo pela vida.

6.6 O Estado como garantidor da vida

O direito de matar não é uma faculdade que o Estado possa conceder livremente a alguém, exceto nas hipóteses de salvaguardar-se outra vida. No caso da legítima defesa no homicídio, a conduta do agente é legitimada pelo Estado, já que o autor apenas repulsa uma agressão ilícita, atual ou iminente, a fim de proteger sua própria vida. Nesse caso, há um conflito entre dois bens jurídicos de igual natureza — vida —, sendo razoável exigir o sacrifício de um deles. Já no consentimento, a situação é oposta, pois não há conflito ou ataque à vida.

Resta evidente que o Estado, apesar de não considerar crime o constrangimento para impedir o suicídio, não possui instrumentos aptos a impedir que o sujeito passivo disponha da própria vida, por exemplo, suicidando-se ou praticando ações em que a perda da vida é quase uma certeza. Entretanto, cabe ao Estado exercer as ações necessárias a persuadir o indivíduo a não abdicar de sua vida e a impedir que outros o auxiliem na disposição desse bem jurídico que é o mais precioso e caro ao ser humano.

---

ela começa a se desgastar', diz João Orlando, médico e secretário municipal de Saúde" (Disponível em: <http://g1.globo.com/Noticias/0,,MUI29503-5598,00.html>).

Nesse sentido, acertou o legislador italiano ao reconhecer a indisponibilidade da vida humana, punindo o homicídio consentido no artigo 579 do Código Penal, com pena de reclusão de seis a quinze anos, o que mereceu os seguintes comentários do Professor Fabrizio Ramacci:

> In particolare, la previsione dell'art. 579 dimostra che il consenso prestato dalla vitima non ha l'efficacia scriminante preveduta in generale dall'art. 50 c.p. per il "consenso dell'avete diritto"; cio significa che il bene della vita non è disponible o, meglio, che la legge esclude validità scriminante al consenso prestato dalla vittima o, ancora, che l'atto di volontà con il quale un soggetto rinuncia al bene della (propria) vita non ha rilevanza giuridica.[127]

O Estado deve buscar a reestruturação moral, ética e jurídica do ser humano que consente na própria morte, buscando-se a dignificação, principalmente, dos valores naturais e básicos do homem.

O grande desafio é o Estado descobrir o método que permitirá chegar à alma do ser humano que pretende consentir na vida. Torna-se necessário constituir um saber sobre esse indivíduo, que permita conhecer suas especificidades, fazendo com que o homem se recupere e se reabilite para o convívio social.

Atualmente, o mundo se defronta com o crescimento da violência, da criminalidade e dos homicídios. Se a sociedade quiser diminuir essa estatística, deve lutar pela preservação da vida, sobretudo através da implantação de políticas públicas que envolvam maior atenção à psicologia humana daqueles que pretendem sucumbir frente às adversidades do mundo, objetivando manter o indivíduo na sociedade e procurando recuperá-lo, em vez de excluí-lo através da morte.

Neste sentido, entendemos que o consentimento no homicídio sequer pode ensejar a causa supralegal de exclusão da culpabilidade, fundamentada na inexigibilidade de conduta diversa como limitador da censura penal.

Pode-se definir a inexigibilidade de conduta diversa como o exame acerca da possibilidade de o agente, considerando-se a individualidade da pessoa humana, diante de um caso concreto e da normalidade das condições objetivas, atuar de acordo com o ordenamento jurídico. Qualifica-se como princípio do direito penal, sendo um instrumento para o reconhecimento de causa excludente da culpabilidade, ainda que não prevista em lei. Através da analogia, pode-se aplicar a excludente

---

[127] RAMACCI. *I delitti di omicidio*, p. 137-138.

nos casos não expressos pelo legislador, tendo em vista as lacunas existentes no ordenamento jurídico.

Porém, no caso do consentimento, a sua aplicação viola a segurança jurídica, a paz social e o torna instrumento de abusos por parte dos aplicadores do direito, já que poderiam atuar em sentido contrário ao mandamento constitucional que garante a indisponibilidade da vida humana, sem condicionantes. Afinal, seria um critério excessivamente flexível no tocante a um bem jurídico objeto de máxima proteção constitucional, tornando as decisões judiciais ainda mais imprevisíveis, visto que embasadas na discricionariedade, experiência e valoração de vida de cada julgador.

O juízo de culpa deve analisar o "dever" da pessoa respeitar os ditames do ordenamento jurídico, o que inclui a indisponibilidade da vida humana. Não há como deixar impune condutas em que há um interesse social em sua reprovação, desconsiderando-se as normas penais e, sobretudo, constitucionais.

CAPÍTULO 7

DO CONSENTIMENTO INDIRETO E MORTE

Apesar de não se tratar propriamente de consentimento no homicídio, há hipóteses cotidianas em que circunstâncias excepcionais geram consentimentos que provocam a morte do sujeito passivo. Denominamos esses casos de "consentimento indireto", já que o sujeito passivo não quer necessariamente a própria morte, mas consente em ações ou omissões praticadas por terceiros que geram enorme risco de produzi-la. Não é, evidentemente, um consentimento para um homicídio, mas um consentimento para um dano a si próprio, que pode resultar na morte. Assim, tendo em vista a proximidade com o tema proposto, já que muitas vezes a anuência na conduta de risco produz resultado semelhante aos casos de consentimento direto no homicídio, optamos por apresentar essas reflexões.

7.1 Eutanásia

A apreciação da eutanásia é um dos pontos mais complicados do Direito Penal. Isso tem três motivos: primeiramente, falta um dispositivo legal que dela trate expressamente. (...) Em segundo lugar, os problemas existenciais que surgem em decisões sobre a vida e a morte dificilmente podem ser regulados através de normas abstratas; pois o direito vive de situações cotidianas tipificáveis, nem sempre se conseguindo, em sua necessária conceituação generalizante, dar um tratamento adequado ao processo individual e irrepetível da morte. Em terceiro

lugar, o consenso sobre o permitido e o proibido na euta-
násia é dificultado por não se tratar de tarefa exclusiva
do penalista. Nesta esfera, também médicos, filósofos,
teólogos e literatos reclamam para si — e com razão — o
direito de ingressar no debate.[128]

O termo "eutanásia" foi criado no século XVII (1623, mais pre-cisamente) pelo filósofo Francis Bacon, em sua obra *Historia vitae et mortis*, definindo-a como adequado tratamento para as doenças in-curáveis. A palavra possui construção semântica derivada do grego: "eu" significa "boa" ou "bem" e "thanatos", ou "thanasia", significa morte.

Podemos defini-la como a morte provocada pelo agente impelido de piedade e paixão, consentida pelo sujeito passivo que padece de grande sofrimento, sem perspectiva de melhora. É a abreviação, por misericórdia, da vida daquele que sofre de uma doença aparentemente incurável. Aníbal Bruno assim a define:

> A outra hipótese é a do encurtamento da vida do doente que pena sob sofrimentos atrozes sem esperança de salvação, praticado pelo próprio médico ou outrem, para pôr fim à sua agonia.
>
> É a eutanásia em sentido estrito e próprio, auxílio para o bem morrer, que se pratica por sentimento verdadeiro e intenso de piedade que leva o homem ao ato constrangedor de dar morte a outro homem. Êsse é, na espécie, o motivo de relevante valor moral que justifica a minoração da pena, mas não justifica a não incriminação do ato.
>
> A vida é o bem de cuja preservação cuida a ordem jurídica com particular desvelo. Qualquer concessão nesse terreno poderia enfraquecer a sua defesa, a defesa de toda vida humana qualquer que ela seja e sejam quais forem as circunstâncias em que se encontre. Em princípio, todo ato que importa em encurtar a vida de alguém é contrário ao Direito.[129]

A Exposição de Motivos da Parte Especial do Código Penal trata-a como hipótese de homicídio privilegiado:

> 39. Ao lado do homicídio com pena especialmente agravada, cuida o projeto do homicídio com pena especialmente atenuada, isto é, o homi-cídio praticado "por motivo de relevante valor, social, ou moral", ou "sob o domínio de emoção violenta, logo em seguida a injusta provocação

---

[128] ROXIN. A apreciação jurídico-penal da eutanásia, p. 11.
[129] BRUNO. *Direito Penal*: parte especial, t. IV, p. 121-122.

da vítima". Por "motivo de relevante valor social ou moral", o projeto entende significar o motivo que, em si mesmo, é aprovado pela moral prática, como, por exemplo, a compaixão ante o irremediável sofrimento da vítima (caso do homicídio eutanásico), a indignação contra o traidor da pátria, etc.

Entretanto, o reconhecimento do privilégio não é tão simples, devendo-se provar o relevante valor moral. Praticar a eutanásia sob a alegação de relevante valor moral, sem prová-lo, é desvirtuar a causa de diminuição de pena prevista no artigo 121, §1º, do Código Penal brasileiro, já que, a princípio, o amor ao enfermo implica cuidado, afeto, sacrifício, não em morte. Em regra, o genuíno amor é dotado de um espírito de renúncia, autossacrifício, capaz de promover confiança ao enfermo, minorando o sofrimento psíquico e atuando como fonte de vida, ao lhe dar coragem para enfrentar as adversidades do momento.

Portanto, deve-se perquirir a motivação do agente, não se aplicando de forma absoluta o privilégio na eutanásia. O Juiz deve analisar a motivação do agente, considerando todas as circunstâncias que envolvem o fato e reconstruindo o processo psicológico do autor do homicídio para valorar a ação.

Eventualmente, a morte do enfermo não se justifica no verdadeiro amor, consistindo em um ato de crueldade, tendo em vista a impossibilidade de resistência e consciência do sujeito passivo, ensejando o motivo egoístico. Aliás, o agente poderá praticar homicídio qualificado, mediante paga ou promessa de recompensa, por motivo torpe, fútil, com emprego de asfixia ou outro meio insidioso, dentre outras hipóteses. Inclusive, se o homicídio foi praticado com o uso de veneno, devemos analisar se o sujeito passivo tinha conhecimento e aquiesceu no ato. Acaso o veneno tenha sido utilizado de forma aleivosa, há a qualificadora.

Salienta-se, ainda, que, para o reconhecimento do privilégio, o consentimento poderá ser dispensado e, desde que o seja, não se tratará de eutanásia, embora os efeitos jurídico-penais sejam semelhantes. O artigo 121, §1º, do Código Penal concede a diminuição da pena se o agente agir impelido por motivo de relevante valor social ou moral, sem exigir qualquer manifestação do sujeito passivo.

O relevante valor moral, obviamente, não se restringe à compaixão, admitindo-se qualquer motivo aprovado pela consciência ética de um povo.[130] Se o agente, por exemplo, mata o doente em agonia, em

---

[130] Nesse sentido, cf. SILVEIRA *apud* NUCCI. *Código de Processo Penal comentado*, p. 542.

decorrência desse estado, cometerá o delito de homicídio privilegiado, ainda que não se trate de eutanásia, diante da ausência do consentimento. Ademais, o consentimento do enfermo em estado terminal e padecido de enorme sofrimento poderá viciar sua vontade. Caracterizado o relevante valor moral, não se deve permitir a impunidade e nem a aplicação da pena ao homicídio simples, ensejando a punição na forma privilegiada.

Por isso, não comungamos com o pensamento do penalista alemão Claus Roxin, que, ao defender a ausência de punição na participação no homicídio, afirma:

> A consciente autolesão, em sexto lugar, como também sua possibilitação e fomento, não legitimam uma sanção punitiva, pois a proteção de bens jurídicos tem por objeto a proteção frente a outra pessoa, e não frente a si mesmo. Um paternalismo estatal, enquanto este deva ser praticado através do Direito Penal, é por isto justificável somente tratando-se de déficits de autonomia do afetado (menores de idade, perturbados que não compreendem corretamente o risco para si). Isto é assim. A participação no homicídio não deve ser punível, como ocorre na Alemanha, ao contrário de muitos outros países, quando aquele que consentiu com a morte tomou sua decisão em um estado de total responsabilidade; isto é uma questão de grande importância na moderna discussão da questão da eutanásia.[131]

Acreditamos que qualquer alteração na legislação penal para reconhecer a licitude da eutanásia revela-se absurda, contrariando o Texto Constitucional que prevê com prioridade a proteção à vida, significando, ainda, apologia ao crime. No mesmo sentido, afirma Nelson Hungria:

> A licença para eutanásia deve ser repelida, principalmente, em nome do direito. Mesmo admitindo-se que o assentimento da vítima pudesse anular a criminalidade do fato, não seria ele jamais o produto de uma vontade consciente ou de uma inteligência íntegra. De outro lado, reconhecer no intuito caritativo do matador um motivo de plena exculpação importaria, como acentuava CARRARA, a adoção de um precedente subversivo em matéria penal: aquele que, numa sexta-feira, furtasse a ração de carne do vizinho, poderia dizer, para garantir-se isenção de pena: "Assim procedi para impedir que o meu vizinho pecasse"; aquele outro que prevaricasse com a mulher do amigo que em vão deseja descendência, poderia alegar: "Meu intuito foi proporcionar-lhe o consolo de um filho..." E assim por diante.

---

[131] ROXIN. *A proteção de bens jurídicos como função do Direito Penal*, p. 23.

Defender a eutanásia é, sem mais, nem menos, fazer a apologia de um crime. Não desmoralizemos a civilização contemporânea com o preconício do homicídio. Uma existência humana, embora irremissivelmente empolgada pela dor e socialmente inútil, é sagrada. A vida de cada homem, até o seu último momento, é uma contribuição para a harmonia suprema do Universo e nenhum artifício humano, por isso mesmo, deve truncá-la. Não nos acumpliciemos com a Morte.[132]

Afinal de contas, a vida não deixa de ser vida só por estar próxima da extinção. O sofrimento faz parte da vida humana e não podemos renunciar à compaixão ao próximo, simplesmente porque, em estado depressivo, desistiu de viver.[133] [134] Os eventuais pedidos de morte, pelos doentes muito graves, devem ser compreendidos como solicitações de afeto, amor e calor humano.

Ainda como argumentos contrários à legalização da eutanásia, há os motivos científicos, como, por exemplo, a possibilidade de um erro de diagnóstico, a descoberta de novo tratamento, bem como eventuais abusos. A imprevisibilidade no desenvolvimento das técnicas medicinais é inegável, ainda mais nos dois últimos séculos, em que os tratamentos médicos progrediram de forma célere, ensejando maior expectativa de vida e até a cura para doenças consideradas até então incuráveis. Ademais, as novas terapias medicinais contra a dor têm minorado o sofrimento dos enfermos, amenizando a angústia e permitindo uma vida mais feliz.

Devemos ressaltar também os erros de diagnósticos, já que as Ciências Biológicas não são dotadas de saber suficiente para afirmar com exatidão que a doença é terminal. A possibilidade de reações orgânicas imprevisíveis e os segredos da natureza humana são evidentes, ensejando o permanente estudo e desenvolvimento das Ciências Biológicas. Os diagnósticos são pautados em casos pretéritos, o que enseja equívocos, surpresas e imprevisibilidades.[135]

---

[132] HUNGRIA. *Comentários ao Código Penal*, v. 5, p. 131.

[133] No mesmo sentido, cf. MARCÃO. *Homicídio eutanásico*: eutanásia e ortotanásia no anteprojeto de Código Penal. Disponível em: <http://jus2.uol.com.br/doutrina/texto.asp?id=2962>.

[134] Defendendo a possibilidade de perdão judicial nesses casos, cf. JIMÉNEZ DE ASÚA. *Liberdade de amar e direito a morrer*, p. 73-75. t. II.

[135] A título ilustrativo, cite-se o recente caso de um polonês que permaneceu 19 anos em coma, após ser atropelado por um trem, surpreendendo os médicos ao retomar a consciência em 2007, conforme amplamente noticiado na imprensa mundial. Disponível em: <http://noticias.terra.com.br/mundo/interna/0,,OI1663133-EI8142,00.html>. Outro recente caso, bastante interessante, é o do italiano Salvatore Crisafulli, que passou quase dois anos em coma profundo, sendo considerado um caso perdido pelos médicos. Em 2005, o paciente

ENÉIAS XAVIER GOMES
DO CONSENTIMENTO NO HOMICÍDIO

Portanto, embora o consentimento do sujeito passivo retire a ojeriza comum ao delito de homicídio, havendo menor desvalor da ação em comparação aos casos normais de homicídio, não há que se falar em ausência de punição, diante, sobretudo, da sacralidade da vida humana.

7.2 Distanásia

> *Dizem as escrituras sagradas: "Para tudo há o seu tempo. Há tempo para nascer e tempo para morrer". A morte e a vida não são contrárias. São irmãs. A "reverência pela vida" exige que sejamos sábios para permitir que a morte chegue quando a vida deseja ir. Cheguei a sugerir uma nova especialidade médica, simétrica à obstetrícia: a "morienterapia", o cuidado com os que estão morrendo. A missão da morienterapia seria cuidar da vida que se prepara para partir. Cuidar para que ela seja mansa, sem dores e cercada de amigos, longe de UTIs. Já encontrei a padroeira para essa nova especialidade: a "Pietà" de Michelangelo, com o Cristo morto nos seus braços. Nos braços daquela mãe o morrer deixa de causar medo.*[136]

A distanásia pode ser definida como a perpetuação artificial e dolorosa da vida humana, com a finalidade exclusiva de assegurar a sobrevivência, independentemente das circunstâncias.[137] Léo Pessini a define nos seguintes termos:

O que entender por distanásia? Se a expressão não é conhecida, é interessante que o dicionário mais popular da língua portuguesa, o Aurélio, conceitue distanásia como "morte lenta, ansiosa e com muito sofrimento (Antôn. Eutanásia)". Trata-se de um neologismo de origem grega, em que o prefixo dys tem o significado de "ato defeituoso". Portanto, distanásia, etimologicamente, significa prolongamento exagerado da agonia, do sofrimento e da morte de um paciente. O termo também

---

despertou e prestou diversos testemunhos dizendo que entendia tudo o que se passava durante o coma. Disponível em: <http://vidaevalores.org/index.php?option=com_content&view=article&id=103:italiano-acorda-de-coma&catid=36:reutanasia&Itemid=56>.

[136] ALVES. Sobre a morte e o morrer. Disponível em: <http://www.releituras.com/rubemalves_menu.asp>.

[137] Nesse caso, não há nenhum consentimento, mas abordamos o tema para diferenciá-lo da eutanásia.

pode ser empregado como sinônimo de tratamento fútil e inútil, que tem como conseqüência uma morte medicamente lenta e prolongada, acompanhada de sofrimento. Com essa conduta não se prolonga a vida propriamente dita, mas o processo de morrer.[138]

Em seguida, o autor a diferencia da eutanásia:

É imprescindível ter clareza conceitual neste terreno polêmico de expressões multissêmicas. De um lado temos a eutanásia (=abreviação da vida), do outro a distanásia (= prolongamento da agonia, do sofrimento e o adiamento da morte), tema deste livro. Entre esses dois extremos, a atitude que honra a dignidade humana e preserva a vida é a que muitos bioeticistas, tais como Javier Gafo, Marciano Vidal e outros espanhóis, denominam ortotanásia, para falar de morte digna, sem abreviações desnecessárias e sem sofrimentos adicionais, isto é, "morte em seu tempo certo". Com o prefixo grego orto, que significa "correto", ortotanásia tem o sentido de morte "em seu tempo", sem abreviação nem prolongamentos desproporcionados do processo de morrer. A ortotanásia, diferentemente da eutanásia, é sensível ao processo de humanização da morte, ao alívio das dores e não incorre em prolongamentos abusivos com a aplicação de meios desproporcionados que imporiam sofrimentos adicionais.

Infere-se, pela definição, que a distanásia e a eutanásia são opostas. Naquela, o tratamento é inútil, ocasionando sofrimento sem qualquer qualidade de vida e prolongando-a apenas biologicamente, ou seja, a preocupação prioritária é a quantidade de vida. Na segunda, há encurtamento da vida para evitar um sofrimento natural, antecipando a morte.

No tocante à distanásia, não podemos admitir o dever do profissional de saúde de alterar o curso natural da vida, prolongando-a inutilmente, o que ensejaria violação à dignidade da pessoa humana. O médico poderia suspender terapias artificiais cruéis, precárias, penosas, dispendiosas e inúteis, sem que violasse o tipo penal descrito no artigo 121, combinado com artigo 13, §2º, ambos do Código Penal. Afinal de contas, a função do médico não é garantir a imortalidade, e sim a qualidade de vida.

Verifica-se que, atualmente, muitas vezes as Ciências Biológicas voltam-se unicamente para a busca do prolongamento da vida, não se preocupando com a "qualidade de vida", essencial para o estado psíquico do sujeito passivo. Não se concedem ao paciente cuidados

---

[138] PESSINI. *Distanásia*: até quando prolongar a vida?, p. 30.

individuais, privando-o da ternura, da amizade e do carinho, tratando-o como se fosse mais um indivíduo a ensejar os experimentos científicos, desprezando o fato de a vida ter como consequência natural e biológica a morte. A distanásia apenas causa sofrimento inútil ao paciente, no momento em que precisa apenas de não se sentir sozinho.

São comuns as práticas da distanásia, por exemplo, ao internar o enfermo nas UTIs, retirando-o do convívio familiar, ainda que não haja tratamento médico para o caso; nos casos em que o médico realiza terapias ineficazes, que aumentam a dor ou desproporcionais aos custos humanos; ou, ainda, nas hipóteses em que os pacientes permanecem submetidos à ventilação mecânica depois da morte cerebral total, ainda que não haja nenhuma possibilidade de melhora.

Salienta-se que, quando o coma apresenta-se como "irreversível" — casos em que todas as funções cerebrais do paciente estão completa e irreversivelmente danificadas, segundo pareceres de especialistas —, permanece a obrigação apenas dos cuidados ordinários, como, por exemplo, a hidratação e a nutrição parenteral.[139] Nesta hipótese, não se exige a prática de meios debilitantes e custosos para o paciente, sob pena de condená-lo à prolongação de uma agonia, sem possibilidade de recuperação da consciência e da capacidade racional.[140]

Ao criticarmos a distanásia, não defendemos a eutanásia. Naquela, a vida do enfermo já alcançou seu fim natural, utilizando-se as Ciências Biológicas apenas de meios inúteis que aumentam o sofrimento do paciente, normalmente o privando do convívio familiar, colocando-o em UTIs. Trata-se de uma luta contra a natureza humana, prolongando a vida de forma injustificável. Já na eutanásia, há encurtamento da vida de alguém que se encontra com seus sinais vitais em funcionamento natural. Não cabe à medicina utilizar-se de instrumentos moderníssimos que apenas mantêm a vida de forma artificial, fomentando uma espécie de prepotência médica, que pretende controlar a vida ao máximo.

Em relação ao paciente em final de vida, cabe ao médico avaliar a necessidade do procedimento a ser adotado na busca pela qualidade de vida, sem que a finalidade seja, exclusivamente, a permanência da vida biológica. A partir do momento, por exemplo, em que a morte

---

[139] No mesmo sentido, as conclusões de Dom Elio Sgreccia, em. *Aspectos éticos da assistência ao paciente.* Disponível em: <http://vidaevalores.org/index.php?option=com_content&vie w=article&id=109:aspectos-eticos-da-assistencia-ao-paciente&catid=36:reutanasia&Item id=56>.

[140] Essa é uma das hipóteses mais complexas da medicina, devendo o julgamento sobre a irreversibilidade do coma e sobre a condição de irrecuperabilidade da consciência se apoiar em relatórios médicos seguros.

cerebral é detectada, permanecendo uma vida meramente vegetativa, os médicos devem manter apenas os cuidados ordinários. Condutas em sentido contrário, mantendo a vida de forma extraordinária, geram apenas sofrimento ao paciente e aos familiares, contrariando a ordem natural do homem. No mesmo sentido, diz Leonard M. Martin, citando inclusive a posição da Igreja Católica:

> O paradigma médico da benignidade solidária e humanitária e a teologia moral procuram outras abordagens na tentativa de resolver o dilema entre tratar em excesso ou deixar de tratar o suficiente o doente terminal. Procuram mostrar que atribuir grande valor à vida humana não significa uma opção por uma frieza cruel diante do sofrimento e da dor do paciente terminal. A medicina tecnocientífica tende a resolver o dilema caindo em um dos dois extremos. Ou escolhe a eutanásia — reconhecendo sua impotência e, neste caso, opta por abreviar o sofrimento, abreviando a vida, alegando que já que não pode mais curar a pessoa não há sentido em prolongar a agonia — ou escolhe a distanásia — ofendida no seu brio, optando por resistir à morte até as últimas conseqüências, mostrando uma obstinação terapêutica que vai além de qualquer esperança de beneficiar o doente ou promover seu bem-estar global. A medicina que atua dentro do paradigma da benignidade humanitária e solidária e que opera com o conceito de saúde como bem-estar tende a optar por um meio termo que nem mata nem prolonga exageradamente o processo de morrer, mas que procura favorecer à pessoa uma morte sem dor, uma morte digna na hora certa, rodeada de amor. (...)

Já em meados do século XX, o papa Pio XII, preocupado em humanizar a situação do paciente terminal, falou da distinção entre meios ordinários e meios extraordinários em relação ao direito e dever de empregar os cuidados necessários para conservar a vida e a saúde. Enquanto condenava claramente a eutanásia, ele rechaçou a distanásia afirmando que ninguém é obrigado a usar meios extraordinários para manter a vida. Ele estabelece como princípio básico o direito e dever de empregar os cuidados necessários para conservar a vida e a saúde. Somente é obrigação, porém, usar meios ordinários que não impõem nenhum ônus extraordinário para si mesmo ou para outros. Nesta perspectiva, determinadas cirurgias ou tratamentos caros no exterior podem ser legitimamente recusados. O fato de não ser obrigado a fazer algo não tira a liberdade de fazê-lo e isto é a terceira consideração que Pio XII apresenta. É permitido apelar para meios extraordinários, com a condição de não faltar com deveres mais graves.

Em 1980, com a Declaração sobre a Eutanásia, a posição da Igreja foi aperfeiçoada um pouco mais. Diante das dificuldades de se definir, em casos concretos, quais os meios ordinários e extraordinários, a Declaração adota a terminologia de meios proporcionados e meios não proporcionados. Por esta distinção se entende que há um dever básico de cuidar da saúde, mas deve existir uma proporcionalidade entre os meios usados para isto e os resultados previsíveis. Principalmente quando não há mais possibilidade de se recuperar de uma doença — e quando já se iniciou o processo de morrer — "é lícito, em consciência, tomar a decisão de renunciar a tratamentos que dariam somente um prolongamento precário e penoso da vida sem, contudo, interromper os cuidados normais devidos ao doente em casos semelhantes".[141]

De fato, em 1980, a *Declaração sobre a Eutanásia*, da Sagrada Congregação para a Doutrina da Fé, aprovada pelo Papa João Paulo II, criticou a distanásia e a eutanásia nas seguintes diretrizes:

> Ora, é necessário declarar uma vez mais, com toda a firmeza, que nada ou ninguém pode autorizar a que se dê a morte a um ser humano inocente seja ele feto ou embrião, criança ou adulto, velho, doente incurável ou agonizante. E também a ninguém é permitido requerer este gesto homicida para si ou para um outro confiado à sua responsabilidade, nem sequer consenti-lo explícita ou implicitamente. Não há autoridade alguma que o possa legitimamente impor ou permitir. Trata-se, com efeito, de uma violação da lei divina, de uma ofensa à dignidade da pessoa humana, de um crime contra a vida e de um atentado contra a humanidade. (...)
>
> Na iminência de uma morte inevitável, apesar dos meios usados, é lícito em consciência tomar a decisão de renunciar a tratamentos que dariam somente um prolongamento precário e penoso da vida, sem, contudo, interromper os cuidados normais devidos ao doente em casos semelhantes. Por isso, o médico não tem motivos para se angustiar, como se não tivesse prestado assistência a uma pessoa em perigo.[142] [143]

Portanto, o médico que deixa de prolongar irracionalmente e artificialmente a vida não responde por homicídio, já que cabe ao profissional garantir ao paciente um maior conforto no final de vida. Entendemos que não comete homicídio o médico que se abstém ou interrompe o uso dos recursos para prolongar a vida, desde que o adiamento da morte

---

[141] MARTIN. *Eutanásia e distanásia.* Disponível em: <http://www.portalmedico.org.br/biblioteca-virtual/bioetica>.

[142] SAGRADA CONGREGAÇÃO PARA A DOUTRINA DA FÉ. *Declaração sobre a eutanásia.* Disponível em: <http://www.vatican.va/roman_curia/congregations/cfaith/documents/rc_con_cfaith_doc_19800505_euthanasia_po.html>.

[143] O Papa João Paulo II reafirmou seu posicionamento com a publicação da Encíclica. *Evangelium vitae.* 25 mar. 1995. Disponível em: <http://www.vatican.va/holy_father/john_paul_ii/encyclicals/documents/hf_jp-ii_enc_25031995_evangelium-vitae_po.html>. Acesso em: 08 jun. 2010>.

revele-se irracional. Não podemos imputar, por exemplo, a omissão penalmente relevante ao médico que deixa de utilizar equipamentos para prolongar a vida em estado vegetativo, já que esta conduta contraria a própria profissão. À medicina também cabe assegurar conforto aos pacientes, sem submetê-los a enormes sofrimentos inócuos.

7.3 Ortotanásia

> *Escreveu Heidegger que o homem é um ser destinado à morte. Em verdade, todos os seres vivos são destinados à morte, esse halo de mistério que, em particular, tanto oprime os humanos. Todavia, será que só oprime, derriba, prosterna, ou por vezes liberta, emancipa, desata as amarras que nos obrigam a viver? Viver não só significa pulsar, existir, ser, mas fruir, gozar, desfrutar. Anotou Mário de Andrade: "pra mim, viver é gastar a vida" e recitou Baudelaire: "para não serdes os eternos martirizados escravos do tempo, embriagai-vos, embriagai-vos sem cessar, de vinho, poesia, virtude, amor, como achardes melhor".[144]*

Defendemos a ortotanásia, que consiste na morte natural, respeitando-se a dignidade da pessoa humana. O paciente consente na adoção da teoria do duplo efeito, ou seja, o bem-estar do paciente e o encurtamento da vida, obviamente de forma ponderada, privilegiando-se a vida com qualidade. Busca-se a vida e a morte com dignidade, adotando-se técnicas para minorar o sofrimento físico e mental do paciente, principalmente através da presença constante de seus familiares no tratamento. Dessa forma, o paciente reconquista o amor pela vida e busca viver intensamente seus últimos momentos. Acerca do tema, leciona Pessini:

> É muito freqüente em doentes terminais a presença de dor intensa, dificuldade para respirar ou sintomas de ansiedade, agitação e confusão mental. Para se manejar esses sintomas é necessário utilizar drogas como a morfina, que podem produzir uma baixa na pressão arterial ou uma depressão respiratória, ou outros fármacos que reduzem o grau

---

[144] LIMA, Alberto Jorge Correia de Barros. *A reforma do Código Penal e o direito de morrer*. Disponível em: <http://www.ibccrim.org.br>. Acesso em: 05 jun. 2009.

de vigilância ou até privam o paciente de sua consciência. Teme-se que os efeitos negativos dessas intervenções médicas possam implicar uma forma de eutanásia. Ante essa inquietude, é importante lembrar o princípio ético tradicional chamado do duplo efeito. Ele assinala as condições que deveriam ser observadas para que a realização de um ato que tem dois efeitos — um bom e outro mau — seja lícita.

A questão fundamental é se existe uma razão proporcional entre a desejada libertação da dor e o possível efeito colateral mortal, causado pela depressão respiratória, por exemplo. Ao aplicarmos este princípio em relação ao tratamento analgésico com drogas, a morfina, por exemplo, veremos que a intenção é diretamente aliviar a dor (efeito bom). Trata-se de uma ação boa (analgesia), cujo efeito positivo não é conseqüência dos efeitos negativos, que são tolerados quando não existem outras alternativas mais eficazes no tratamento. Em tais condições, essa forma de terapia representa o maior bem possível para o paciente. A mesma argumentação ética é utilizada em relação às situações de supressão da consciência, que por vezes se faz necessária em casos de pacientes muito agitados.[145]

Há nítida diferença em relação à eutanásia, em que pese aos fins altruístas em ambos. Na ortotanásia, adotam-se técnicas para aliviar o sofrimento e conceder ao paciente qualidade de vida. Privilegiam-se os tratamentos que dignificam o homem em detrimento daqueles que apenas prolongam o sofrimento.

A ortotanásia adota o conceito de "benignidade", respeitando a dor e sofrimento do paciente, a fim de se atingir o seu bem-estar global. Dessa forma, o paciente beneficia-se das tecnologias modernas, as quais estão a serviço de sua saúde, colocando o ser humano como valor primordial no uso da medicina, sem estigmatizar a morte, a qual é combatida sem lesar a dignidade do ser humano. No instante em que são detectadas a ausência de cura, o enorme sofrimento do paciente e a impossibilidade de qualquer melhora da qualidade de vida, é possível, inclusive, cessarem-se os tratamentos degradantes, já que a morte passa a ser inevitável e um alívio para o enfermo. Assim, a prática da ortotanásia ocasiona alívio à agonia do sujeito passivo, ainda que não postergue a morte. Na ortotanásia, a morte ocorre ao seu tempo, sendo mera consequência da vida. Não há nenhuma antecipação da morte!

Já na eutanásia, usam-se técnicas para encurtar a vida, ensejando a morte antecipada do paciente. O sujeito ativo adota medidas que antecipam a morte, por exemplo, aplicando um medicamento letal ao

---

[145] PESSINI. *Distanásia*: até quando prolongar a vida?, p. 213.

organismo. Nesse caso, a morte não ocorre ao seu tempo, sendo fruto de um agir humano. Constata-se, assim, que a finalidade na eutanásia é abreviar a vida, enquanto na ortotanásia é aliviar a dor. Logo, utilizar, por exemplo, morfina para causar a morte implica eutanásia, mas usá-la para minorar a dor, ainda que cause danos ao organismo, enseja a prática da ortotanásia. Na ortotanásia, permite-se a utilização de tratamentos a fim de minorar o sofrimento e a dor, ainda que não ensejem a postergação da morte, garantindo-se ao paciente um final de vida feliz e sereno. A dor física é certamente um elemento inevitável da condição humana. Inclusive, segundo a doutrina cristã, a dor representa uma participação na Paixão de Cristo.[146] Porém, não seria correto exigir um sofrimento desproporcional, podendo-se utilizar medicamentos para suavizar ou suprimir a dor, ainda que gerem efeitos secundários. A finalidade não é a morte, apesar do risco de causá-la, por um motivo razoável, consistente na tentativa de acalmar a dor. Citamos a lúcida ponderação de Leonard M. Martin:

> O compromisso com a promoção do bem-estar do doente crônico e terminal permite-nos não somente falar de sua saúde mas, também, de desenvolver um conceito de ortotanásia, a arte de bem morrer, que rejeita toda forma de mistanásia sem, no entanto, cair nas ciladas da eutanásia nem da distanásia.
>
> A ortotanásia permite ao doente que já entrou na fase final de sua doença, e àqueles que o cercam, enfrentar seu destino com certa tranqüilidade porque, nesta perspectiva, a morte não é uma doença a curar, mas sim algo que faz parte da vida. Uma vez aceito este fato que a cultura ocidental moderna tende a esconder e a negar, abre-se a possibilidade de trabalhar com as pessoas a distinção entre curar e cuidar, entre manter a vida — quando isto for o procedimento correto — e permitir que a pessoa morra – quando sua hora chegou.
>
> Neste processo o componente ético é tão importante quanto o componente técnico. O ideal é realizar a integração do conhecimento científico, habilidade técnica e sensibilidade ética numa única abordagem. Quando se entende que a ciência, a técnica e a economia têm sua razão de ser no serviço à pessoa humana individual, comunitária e socialmente, descobre-se no doente crônico e terminal um valor até então escondido ou esquecido. Respeito pela sua autonomia: ele tem o direito de saber e o direito de decidir; direito de não ser abandonado; direito a tratamento

---

[146] Cf. SAGRADA CONGREGAÇÃO PARA A DOUTRINA DA FÉ. *Declaração sobre a eutanásia.* Disponível em: <http://www.vatican.va/roman_curia/congregations/cfaith/documents/rc_con_cfaith_doc_19800505_euthanasia_po.html>.

paliativo para amenizar seu sofrimento e dor; direito de não ser tratado como mero objeto cuja vida pode ser encurtada ou prolongada segundo as conveniências da família ou da equipe médica são todas exigências éticas que procuram promover o bem-estar global do doente terminal e, conseqüentemente, sua saúde enquanto não morre. No fundo, ortotanásia é morrer saudavelmente, cercado de amor e carinho, amando e sendo amado enquanto se prepara para o mergulho final no Amor que não tem medida e que não tem fim.[147]

Inclusive, o Estado de São Paulo, através da Lei Estadual nº 10.241, de 17 de março de 1999, que dispõe acerca das ações de saúde, autoriza o paciente a recusar tratamentos extraordinários e dolorosos que objetivem apenas prolongar a vida.[148]

Adequando a medicina a essa realidade, no último dia 13 de abril de 2010, entrou em vigor o novo Código de Ética Médica, revisado mais de 20 anos depois da vigência do anterior. O documento, fruto do árduo trabalho da Comissão Nacional de Revisão, atualizou regras e princípios no exercício da profissão médica, a fim de melhorar a relação com os pacientes. Ainda, atentou-se para os aspectos decorrentes da evolução das técnicas médicas e cirúrgicas surgidas nas duas últimas décadas, estipulando regras para reprodução assistida, manipulação genética, dentre outras.

Um dos aspectos primordiais do documento referiu-se ao reconhecimento da finitude da vida. O ato normativo admitiu os limites da Medicina na manutenção da vida, orientando que, na irreversibilidade do quadro clínico, deve o médico proporcionar aos enfermos cuidados paliativos e conforto. O novo código legitimou, assim, a ortotanásia e, consequentemente, condenou a distanásia, ou seja, a perpetuação artificial e dolorosa da vida humana, gerando sofrimento ao doente, com a finalidade exclusiva de assegurar a sobrevivência, independentemente das circunstâncias.

---

[147] MARTIN. *Eutanásia e distanásia*. Disponível em: <www.portalmedico.org.br/bibliotecavirtual/bioetica>. Acesso em: 12 ago. 2009.

[148] "Art.2º. São direitos dos usuários dos serviços de saúde no Estado de São Paulo: (...)
XVIII – receber do profissional adequado, presente no local, auxílio imediato e oportuno para a melhoria do conforto e bem estar;
XIX – ter um local digno e adequado para o atendimento;
XX – receber ou recusar assistência moral, psicológica, social ou religiosa;
XXI – ser prévia e expressamente informado quando o tratamento proposto for experimental ou fizer parte de pesquisa;
XXII – receber anestesia em todas as situações indicadas;
XXIII – recusar tratamentos dolorosos ou extraordinários para tentar prolongar a vida; e
XXIV – optar pelo local de morte. (...)"

Segundo o inciso XXII, no Capítulo dos Princípios Fundamentais,[149] "nas situações clínicas irreversíveis e terminais, o médico evitará a realização de procedimentos diagnósticos e terapêuticos desnecessários e propiciará aos pacientes sob sua atenção todos os cuidados paliativos apropriados". Assim, permite-se a utilização de tratamentos a fim de minorar o sofrimento e a dor, ainda que antecipem moderadamente a morte, garantindo-se ao paciente um final de vida mais feliz e digno. Salienta-se, ainda, que o documento vedou ao médico a prática da eutanásia, no Capítulo V, artigo 41,[150] impedindo-o de "abreviar a vida do paciente, ainda que a pedido deste ou de seu representante legal".

Já no parágrafo único do artigo supracitado,[151] estabeleceu que, "nos casos de doença incurável e terminal, deve o médico oferecer todos os cuidados paliativos disponíveis sem empreender ações diagnósticas ou terapêuticas inúteis ou obstinadas, levando sempre em consideração a vontade expressa do paciente ou, na sua impossibilidade, a de seu representante legal". Denota-se, assim, que o médico, ao praticar a ortotanásia, não incide no tipo descrito no artigo 121 do Código Penal, já que a finalidade do tratamento é minorar a dor e não causar a morte, ao contrário do que ocorre na eutanásia. Ao assim agir, o médico apenas garante a dignidade do paciente, minorando o seu sofrimento físico e psíquico, privilegiando o bem-estar do enfermo e, consequentemente, cumprindo seu dever de preservar a saúde, que abrange, além do bem-estar físico, o mental e o social.

7.4 Prática sexual com portador de HIV e utilização de material contaminado

A indisponibilidade da vida humana pode ensejar a responsabilidade penal de quem transmite o vírus da imunodeficiência humana (HIV), agente provocador da Síndrome da Imunodeficiência Adquirida (AIDS). Tal vírus, ao penetrar no organismo humano, utiliza-se das células do sistema imunológico, os linfócitos CD+4, para sobreviver e se multiplicar. Consequentemente, essas células, que são responsáveis pela defesa do organismo, ficam gravemente abaladas e inaptas para

---

[149] CONSELHO FEDERAL DE MEDICINA. Código de Ética Médica – Resolução nº 1.931/2009. Disponível em: <http://www.portalmedico.org.br/novoportal/index5.asp>.

[150] CONSELHO FEDERAL DE MEDICINA. Código de Ética Médica – Resolução nº 1.931/2009. Disponível em: <http://www.portalmedico.org.br/novoportal/index5.asp>.

[151] CONSELHO FEDERAL DE MEDICINA. Código de Ética Médica – Resolução nº 1.931/2009. Disponível em: <http://www.portalmedico.org.br/novoportal/index5.asp>.

reagir aos ataques de outras doenças. Dessa forma, a pessoa torna-se vulnerável e começa a ser afetada pelas chamadas "doenças oportunistas", que levam à morte.

O HIV é transmitido pelo sangue, sendo as relações sexuais sem preservativos e o uso de seringas os meios mais comuns de contaminação. A triste constatação é que, até o momento, as Ciências Biológicas não descobriram cura para a doença, ou seja, ela ainda é letal, embora existam casos de pessoas que, mesmo contaminadas, não manifestaram os sintomas.

Hipótese já debatida pela doutrina e jurisprudência[152] consiste na responsabilidade do portador de HIV por homicídio em decorrência da prática sexual consentida, contaminando o parceiro que aceitou o risco e, consequentemente, gerando sua morte.[153] É evidente que em

---

[152] Encontramos, na jurisprudência pátria, os seguintes julgados:
Tribunal de Justiça de São Paulo:
Entendendo pela impossibilidade do agente responder por tentativa de homicídio; Apelo provido para determinar a realização de novo julgamento, vencido o Relator Sorteado. Apelação Criminal nº 993.05.070796-2 – São Paulo – Foro Regional I – Santana/T Câmara Criminal O julgamento teve a participação dos Desembargadores PÉRICLES PIZA, vencedor, MÁRIO DEVIENNE FERRAZ (Presidente), vencido, MÁRIO DEVIENNE FERRAZ (Presidente) e MÁRCIO BÁRTOLI. Disponível em: <http://esaj.tj.sp.gov.br/cjsg/resultadoCompleta.do;jsessionid=DCBD08E6 2FE464F535A936A3AE07A6C2>.
Tribunal de Justiça do Rio Grande do Sul:
Entendendo pela possibilidade do agente responder por tentativa de homicídio; Manutenção. Soberania dos veredictos do Tribunal Popular. Apelo improvido (TJRS, Câm. de Férias Criminal, Apel. Crim. nº 70000012872, Rel. Des. Março Antonio Barbosa Leal, j. 09.11.1999, v.u.).
Disponível em: <http://www1.tjrs.jus.br/busca/?tb=juris>.
Superior Tribunal de Justiça:
Entendendo pela possibilidade do agente responder por tentativa de homicídio; STJ, 6ª Turma, Rel. Min. Hamilton Carvalhido, j. 18.10.1999, v.u.

[153] Restringiremos nossas considerações aos casos em que o sujeito ativo informa a contaminação ao passivo, por ser nosso trabalho referente ao consentimento. O Supremo Tribunal Federal, aos 05.10.2010, já se pronunciou em um caso em que o paciente, sabendo-se portador de HIV, manteve, em épocas distintas, relacionamento sexual com três mulheres, ocultando a doença. Na ocasião, o relator do HC nº 98.712/São Paulo, Ministro Marco Aurélio, desclassificou o crime de tentativa de homicídio pela transmissão do vírus HIV para perigo de contágio de moléstia grave. Citamos trecho da decisão do Ministro Marco Aurélio: "Resta a questão alusiva à submissão do paciente ao Tribunal do Júri. Observem a interpretação sistemática. Descabe cogitar de tentativa de homicídio na espécie, porquanto há tipo específico considerada a imputação — perigo de contágio de moléstia grave. Verifica-se que há, até mesmo, presente o homicídio, a identidade quanto ao tipo subjetivo, sendo que o artigo 131 é o dolo de dano, enquanto, no primeiro, tem-se a vontade de matar ou assunção do risco de provocar a morte. Descabe potencializar este último a ponto de afastar, consideradas certas doenças, o que dispõe o artigo 131: 'Praticar, com o fim de transmitir a outrem moléstia grave de que está contaminado, ato capaz de produzir o contágio'. Admita-se, como o fez o próprio acusado, a existência da moléstia grave e o fato de havê-la omitido. Esses elementos consubstanciam não o tipo do artigo 121 do Código Penal, presente até mesmo dolo eventual, mas o específico do artigo 131. Frise-se,

tais casos não podemos falar de consentimento direto no homicídio, pois a anuência não recai sobre o resultado lesivo, mas sobre a conduta que pode ensejar a lesão posterior, consistente na morte.

Defendendo a ausência de punição nesses casos, com fundamento na autocolocação em perigo consentida, salienta Claus Roxin:

> Gostaria de mencionar, ademais, que a teoria da imputação objetiva de maneira alguma se esgota em sua função como aspecto externo do princípio da culpabilidade. Muito além disso, ela abrange, numa estruturação sistemática, outros princípios de imputação objetiva, entre os quais, além do princípio da culpabilidade, desejo mencionar os princípios da autonomia da vítima e da atribuição a um âmbito de responsabilidade de terceiros. Se alguém entrega a outrem heroína, vindo este a falecer, ou se alguém infecta seu parceiro com Aids, tendo-o esclarecido previamente a respeito da doença, nada disso se trata de frutos do acaso. Mas tais acontecimentos não são imputados, uma vez que a autonomia da vítima a isto se opõe.[154]

Discordamos da posição do autor alemão. Entendemos que, se o portador do vírus HIV agiu conscientemente, praticando relações sexuais sem preservativo, contaminando o sujeito passivo que morre em decorrência da doença, responderá por homicídio, já que atuou no mínimo com dolo eventual. O consentimento do sujeito passivo na atuação de risco representada pelo contato sexual sem preservativos não exclui a responsabilidade penal, porque o agente tinha a consciência de que a prática sexual poderia transmitir a moléstia e, consequentemente, produzir a morte do parceiro.[155]

Inclusive, no Direito Penal brasileiro, o agente poderá responder por homicídio qualificado pelo motivo torpe, conforme previsto no artigo 121, §2º, I, do Código Penal,[156] já que agiu apenas para satisfazer seus incontrolados desejos sexuais. O agente age sem pudor para satisfazer a lascívia.

---

por oportuno, que as vítimas mantiveram relação com o paciente, que se mostrou até certo ponto estável".
Disponível em: <http://www.stf.jus.br/arquivo/cms/noticiaNoticiaStf/anexo/hc98712MA. pdf>.

[154] ROXIN. *Estudos de Direito Penal*, p. 137.

[155] Obviamente, se o parceiro sequer tinha conhecimento da contaminação pelo sujeito ativo, ou consentiu na prática mediante engano, não havendo autodeterminação, com muito mais razão o agente responde por homicídio, consumado ou tentado, conforme o resultado.

[156] "Art. 121. Matar alguém: (...)
§2º Se o homicídio é cometido:
I – mediante paga ou promessa de recompensa, ou por outro motivo torpe."

ENÉIAS XAVIER GOMES
DO CONSENTIMENTO NO HOMICÍDIO

Porém, se da relação sexual sem preservativo não advier a contaminação, entendemos que o agente responderá pelo disposto no artigo 132 do Código Penal,[157] baseando-se na conduta de risco e exposição a perigo. Em que pese o desenvolvimento das ciências, o agente tinha conhecimento do risco de morte a que submeteu seu parceiro. A AIDS ainda é uma doença letal.[158] [159]

Comentando os casos elucidados, salienta Odyr Porto, citado por Antônio Chaves:

A relação sexual de um aidético ou portador do vírus, consciente, já é crime, independentemente de transmitir a Aids. Para que o crime se consume não é necessário um resultado concreto, basta o risco a que ele expõe outra pessoa. Se ocorrer a morte, é homicídio qualificado pela torpeza. Mas o mais impressionante é isso: basta a relação sexual sem a intenção de causar dano, basta o autor ter consciência de que está colocando em perigo a vida ou a saúde de alguém. É crime.[160]

Concordamos com as afirmações do Desembargador Odyr Porto, salvo se o agente se utiliza de preservativo, hipótese não tratada pelo autor supracitado, pois, nesse caso, não há que se falar em risco de exposição, já que é um método bastante eficaz para evitar a contaminação. Ademais, demonstra a ausência de dolo, pois o agente tomou os cuidados devidos. Enfim, o "sexo seguro" trata-se de evidente hipótese de risco permitido. Conforme salientamos, se houver a morte decorrente da prática sexual sem preservativo, a qualificadora decorre da torpeza, já que se trata de um motivo profundamente imoral, porque o que move o agente é, exclusivamente, a satisfação da lascívia.

O mesmo raciocínio aplica-se aos casos de consumo conjunto de drogas injetáveis, em que os indivíduos se utilizam da mesma seringa, não obstante um deles seja portador do vírus HIV e conheça essa circunstância. O agente que, consciente de sua doença, compartilha o uso da seringa, responde por homicídio consumado, se o sujeito passivo morre em decorrência da contaminação pelo HIV.

---

[157] "Art. 132 – Expor a vida ou a saúde de outrem a perigo direto e iminente:
Pena – detenção, de 3 (três) meses a 1 (um) ano, se o fato não constitui crime mais grave."
[158] No mesmo sentido, cf. NUCCI. *Código de processo penal comentado*, p. 554.
[159] Em sentido oposto, entende o Professor Titular de Direito Penal da Universidade de Granada Guillermo Portilla Contreas. Cf. PORTILLA CONTREAS. Tratamiento dogmático-penal de los supuestos de puesta en peligro imprudente por un tercero con aceptación por la victima de la situación de riesgo, p. 731.
[160] PORTO *apud* CHAVES. *Direito à vida e ao próprio corpo*, p. 340.

7.5 Das práticas esportivas fomentadas pelo Estado

Comumente resultam casos de lesões ou mortes decorrentes de práticas esportivas fomentadas pelo Estado, em que os contendores consentem na conduta de risco. Há uma colocação em perigo, consentida pelo sujeito passivo.

Nas contendas de boxe, caratê e outras lutas incentivadas pelo Estado, os lutadores atuam com a finalidade de lesionar o oponente, que consentiu na prática esportiva, através de golpes intencionais. Logo, em caso de eventuais lesões ou mortes decorrentes dessas atividades, não há como negar a tipicidade da conduta. Porém, entendemos que o agente causador do resultado, desde que atue conforme a ética esportiva, age amparado pelo exercício regular de direito, nos termos do artigo 23, III, do Código Penal brasileiro.[161] [162]

O sujeito passivo consente no risco da atividade, não na morte. Não obstante, conhece o perigo que corre, ou seja, aceita a possibilidade do resultado lesivo, legitimando a conduta do sujeito ativo. O jogador, ao participar da prática esportiva, aceita o risco de lesão que, eventualmente, pode consistir na própria morte. Os contendores conhecem o alcance do perigo a que se submetem, mas o desejo de praticar o esporte faz com que consintam no resultado lesivo.

Nesse caso, o agente desempenha uma atividade esportiva autorizada pela lei e consentida pelo sujeito passivo, o que torna lícito o fato típico. Não seria lógico que o Estado punisse alguém que exercita um direito previsto, autorizado e muitas vezes fomentado pelo Poder

---

[161] Ressaltamos a posição de Eugênio Raúl Zafaroni e José Henrique Pierangeli, que entendem que as lesões decorrentes das práticas esportivas são excludentes de tipicidade e não de ilicitude: "A atividade desportiva é favorecida pela ordem jurídica, mas é claro que a prática de alguns esportes, particularmente os mais violentos, implica uma conduta que é abrangida pela tipicidade legal, particularmente pelo tipo de lesões culposas, no caso de causar a outro um dano ao corpo ou à saúde. Não cabe qualquer dúvida de que aquele que participa de uma competição de rugby realiza uma conduta violadora do dever de cuidado que lhe incumbe a respeito da integridade física dos outros participantes. Não obstante, resulta contraditório pensar que a norma anteposta ao art. 129, §6º, do CP proíba esta conduta, posto que toda a legislação desportiva a fomenta. Daí que, de acordo com os princípios da tipicidade conglobante, a atividade desportiva praticada dentro dos limites regulamentares é penalmente atípica, ainda que dela resulte um dano. A concordância dos outros participantes e o favorecimento da prática desportiva pelo próprio ordenamento jurídico eliminam a tipicidade penal da conduta desportiva sempre que, sem violação dos regulamentos do esporte em questão, for causada uma lesão em algum dos participantes" (ZAFARONI; PIERANGELI. *Manual de Direito Penal brasileiro*, p. 560).

[162] Em sentido contrário ao exercício regular de direito no âmbito esportivo, propondo a solução da questão através do princípio da insignificância, cf. MIR PUIG. *Lesiones deportivas y derecho penal*, p. 41-45.

Público. O Direito Penal deve ser compatível com os demais ramos do Direito; logo, o que é lícito no ordenamento jurídico não pode ser combatido através do sistema penal, sendo a conduta dos agentes adequada socialmente.[163] Seria um contrassenso se o Estado punisse o esportista, já que a própria ordem jurídica admite a conduta. O agente atua amparado pela norma permissiva que autoriza a prática do esporte e do risco aceito pelo sujeito passivo. Nesse sentido, a lição do Professor Jair Leonardo Lopes:

> Justificável pelo exercício regular de direito é a lesão causada por um atleta ao outro na disputa da bola, pois o futebol é uma atividade regulada e cuja prática é assegurada por lei. Por isso, por mais grave que possa ser a ofensa por um jogador ao outro, desde que ocorra em jogada regular, durante uma partida de futebol, será justificável pelo exercício regular de direito. É a chamada "violência esportiva", que não constitui atividade ilícita.[164]

Se a sociedade permite os esportes violentos com risco de morte, a pena não pode ser aplicada ao agente, desde que a ação seja executada sem abuso, ou seja, sem transgredir intencionalmente as normas técnicas. A morte causada, por exemplo, por um soco em uma luta de boxe, não pode ensejar a punição ao agente, já que atuou com observância das regras do jogo, o qual implica necessariamente risco de morte. Acerca das práticas esportivas violentas, já salientava Nelson Hungria:

> Em suma: enquanto o esporte violento não for classificado entre as ações ilícitas, e uma vez que se não transgridam suas normas técnicas, todo o mal que dele eventualmente advenha não pode deixar de ser considerado, sob o relativo ponto de vista jurídico-penal, como uma *infelicitas fati*, um mero *casus*. Impraticável, como é, a modificação técnica dos esportes violentos, no sentido de ficar plenamente assegurada a integridade física dos jogadores, e se o poder público entender que, não obstante o aplauso das turbas, tais esportes são reprováveis, decrete-se então a medida extrema de sua proibição. De nossa parte, somos

---

[163] Encontramos, na jurisprudência pátria, os seguintes julgados:
Tribunal de Justiça de Minas Gerais:
Número do processo: 1.0000.06.441231-5/000(1). Relator: José Antonino Baía Borges. Julgado em: 26.10.2006. Publicado em: 08.11.2006.
Disponível em: <http://www.tjmg.jus.br/juridico/>.
Tribunal de Justiça do Rio Grande do Sul:
Apelação Cível nº 70019964352, Nona Câmara Cível, Tribunal de Justiça do RS, Relator: Iris Helena Medeiros Nogueira, Julgado em 18.07.2007.
Disponível em: <http://www1.tjrs.jus.br/busca/?tb=juris>.

[164] LOPES. *Curso de Direito Penal*: parte geral, p. 138.

francamente por esta solução. Só se pode compreender o esporte como uma diversão harmoniosa dentro da dupla finalidade da saúde do corpo e do equilíbrio estético. Os esportes brutais, no seu caráter de excesso, apenas geram (à parte os acidentes fatais) a truculência, a fealdade, a deformação, a arritmia física e o abastardamento da inteligência.[165]

Salienta-se que, se o agente age intencionalmente ou mediante grave imprudência, desobedecendo às regras esportivas, especialmente as de segurança, causando a morte do adversário, responderá por homicídio. O praticante da modalidade esportiva consente, voluntariamente, nos riscos inerentes à sua prática. Porém, confia que os demais participantes, potenciais causadores de lesões, não as realizarão fora das regras. Logo, se o agente desobedece às regras, gerando riscos de matar ou lesionar o adversário, há uma frustração da expectativa normativa de quem se insere em tal contexto esportivo. A conduta escapa daquela expectativa ao qual o sujeito passivo se submeteu, ferindo os padrões de condutas socialmente adequadas.[166]

Se, por exemplo, durante uma luta de boxe, o pugilista desfere um golpe intencional na nuca de seu adversário, completamente indefeso, depois do árbitro já tê-lo advertido desta vedação, advindo a morte de seu oponente, o agente responde por homicídio culposo, tendo em vista a inobservância das regras esportivas. Nesse sentido, leciona Luis Augusto Sanzo Brodt:

> Todavia, há esportes de cuja prática pode advir prejuízo à integridade física da pessoa. Não é raro que os atletas tenham lesões graves, nem mesmo impossível que, em modalidades esportivas mais violentas ou arriscadas como o boxe, a capoeira, as lutas marciais, a luta livre, a esgrima e o futebol, alguns acidentes cheguem a provocar a morte do aficionado.
>
> A conduta do esportista que, mesmo observando as regras do esporte, lesiona outro competidor deve ser considerada atípica, pela existência de norma legal regulamentando a referida atividade em consonância com o interesse público. Mais do que pelo consentimento tácito de cada um dos competidores, resultante da decisão de participar do jogo com plena consciência de suas regras e riscos. Entretanto, não se exclui a possibilidade de punição, em caso de abuso do direito.

---

[165] HUNGRIA. *Comentários ao Código Penal*, v. 5, p. 104-105.

[166] No mesmo sentido, entende o Professor Titular de Direito Penal da Universidade de Granada Guillermo Portilla Contreas. Cf. PORTILLA CONTREAS. Tratamiento dogmático-penal de los supuestos de puesta en peligro imprudente por un tercero con aceptación por la victima de la situación de riesgo, p. 736-738.

Assim, se um pugilista morrer em meio a uma luta, o abuso estará caracterizado. Não concebemos a possibilidade de exercício regular do direito de matar, em conformidade com Lydio Machado Bandeira de Mello e diferentemente de Délio Magalhães.

Não há esporte cujas regras contemplem procedimentos, técnicas ou exercícios que visem a tirar a vida do adversário. Ao contrário, a Lei nº 9.615/98 (Lei Pelé) declara princípio fundamental do desporto nacional (compreendido como conjunto de práticas esportivas formais e informais) a segurança do atleta (art. 2º, X).

Dessa forma, ocorrendo morte, em regra, haverá que ser punido o autor do fato. A responsabilização criminal será feita a título de dolo ou culpa, conforme seja apurado no caso concreto. A possibilidade de ficar impune o pugilista que provocou a morte do adversário restringe-se ao reconhecimento de caso fortuito.[167]

Ressalta-se, ainda, que o exercício regular do Direito restringe-se às práticas admitidas pelo Estado. As atividades contrárias à ordem pública não estão sujeitas à excludente, ainda que haja o consentimento do sujeito passivo no risco decorrente da atividade. Citamos como exemplos os conhecidos "rachas", disputas automobilísticas em vias públicas sem autorização estatal, e as, infelizmente comuns, lutas entre torcidas organizadas de futebol.

7.6 A liberdade religiosa e a vida

Não podemos admitir que o homem se arvore na função divina de controlar a vida e a morte. Esta decisão não lhe pertence! O homem não pode tentar se igualar a Deus, único sentenciador da vida e da morte, magistrado soberano dos destinos da humanidade.[168] Infelizmente, a liberdade religiosa também tem sido utilizada como argumento para admitirmos o consentimento indireto no homicídio.

7.6.1 O caso dos Testemunhas de Jeová

Tendo em vista a infinidade de seitas e religiões, restringiremos nossas considerações ao caso emblemático da complexidade da questão

---

[167] BRODT. *Entre o dever e o direito*. Disponível em: <http://www.seer.furg.br/ojs/index.php/juris/article/viewFile/601/143>.

[168] A ilusão do homem contemporâneo de substituir a Deus como Senhor da vida e da morte nos relembra a tentação do Éden narrada nos textos bíblicos: "transformar-se em Deus – conhecendo o bem e o mal" (cf. BÍBLIA SAGRADA. A. T. *Gênesis*, 3: 5).

tematizada, comum no Brasil, que é o dos Testemunhas de Jeová, seguidores de uma religião que não aceita, em nenhuma hipótese, a infusão de sangue total ou de seus componentes primários, sob a alegação de que a Bíblia apresenta orientação nesse sentido, ainda que haja risco de morte. Ao assim agirem, não consentem na morte, embora se apresente como provável, mas no risco de produzi-la.

Os seguidores dessa religião entendem que a proibição foi transmitida por Deus a Noé, apresentado pela Bíblia como ancestral de todos os homens. Fundamentam-se, especialmente, nos livros *Gênesis* 9:3-4,[169] 9:3-5,[170] *Levítico*, 17:10,[171] *Atos dos Apóstolos* 15:28,29[172] e *Atos* 15:19-21,[173] 21:25.[174] Com base em trechos bíblicos, como os transcritos, os Testemunhas de Jeová negam-se à prática de qualquer ato que envolva troca de sangue. Afirmam que, ainda que haja risco de morte, a transfusão não deve ser admitida, argumentando que a passagem bíblica nos *Atos* 24:15[175] concede a proteção divina.[176]

---

[169] "Todo animal movente que está vivo pode servir-vos de alimento. Como no caso da vegetação verde, deveras vos dou tudo. 4 Somente a carne com a sua alma – seu sangue – não deveis comer."

[170] "Tudo o que se move e vive vos servirá de alimento; eu vos dou tudo isto, como vos dei a erva verde. Somente não comereis carne com a sua alma, com seu sangue. Eu pedirei conta de vosso sangue, por causa de vossas almas, a todo animal; e ao homem que matar o seu irmão, pedirei conta da alma do homem."

[171] "A todo israelita ou a todo estrangeiro, que habita no meio deles, e que comer qualquer espécie de sangue, voltarei minha face contra ele, e exterminá-lo-ei do meio de seu povo."

[172] "Com efeito, parecem bem ao Espírito Santo e a nós não vos impor outro peso além do seguinte indispensável: que vos abstenhais das carnes sacrificadas aos ídolos, do sangue, da carne sufocada e da impureza. Dessas coisas fareis bem de vos guardar conscienciosamente".

[173] "Por isso, julgo que não se devem inquietar os que dentre os gentios se convertem a Deus. Mas que se lhes escreva somente que se abstenham das carnes oferecidas aos ídolos, da impureza, das carnes sufocadas e do sangue. Porque Moisés, desde muitas gerações, tem em cada cidade seus pregadores, pois que ele é lido nas sinagogas todos os sábados."

[174] "Mas a respeito dos que creram dentre os gentios, já escrevemos, ordenando que se abstenham do que for sacrificado aos ídolos, do sangue, da carne sufocada e da fornicação."

[175] "Tenho esperança em Deus, como também eles esperam, de que há de haver a ressurreição dos justos e dos pecadores."

[176] Em que pese pretendermos analisar apenas os argumentos jurídicos, citamos o contraponto de Carlos Ernane Constantino à análise bíblica apresentada pelos Testemunhas de Jeová: "As denominadas Testemunhas de Jeová interpretam erroneamente a passagem bíblica de *Atos*: 15: 20, em que os Apóstolos, trazendo algumas regras do Antigo para o Novo Testamento, recomendaram aos novéis cristãos (isto é, aos recém-convertidos do Paganismo ao Cristianismo), que se abstivessem do sangue; a sobredita seita vê, aqui, uma proibição implícita da realização de transfusões sangüíneas. Entretanto, o leitor atento, lendo todo o capítulo 15 de *Atos*, entende que a questão posta em debate era se algumas normas do Judaísmo (Antigo Testamento) deveriam ou não prevalecer no Cristianismo (Novo Testamento); a conclusão foi a de se conservarem as regras contidas no versículo 20, entre elas, a abstenção do sangue; porém, tal proibição, oriunda do Antigo Concerto,

Inclusive, muitos seguidores utilizam-se de um cartão intitulado "Documento para uso médico", em que o sujeito afirma não ter interesse em qualquer espécie de transfusão de sangue, sendo o documento assinado por testemunhas. Sua finalidade é notificar os médicos para que não façam infusões de sangue em nenhuma hipótese, já que, muitas vezes, o profissional de saúde apenas tem condições de tomar essa decisão no instante em que o paciente se encontra na mesa de cirurgia. Assim, o profissional fica isento de qualquer responsabilidade. Em caso de terem a vontade desrespeitada, é comum, sobretudo nos Estados Unidos, os seguidores dessa religião ajuizarem ações civis contra os médicos e hospitais por terem desrespeitado suas vontades.

Entretanto, em que pese à posição adotada pelos Testemunhas de Jeová, eles afirmam que seus seguidores não consentem na própria morte, já que pregam o uso de tratamentos alternativos médicos, ainda que não seja a melhor solução clínica.[177] Obviamente, se for possível a utilização de meios alternativos de cura sem risco à vida, o médico deverá respeitar a vontade do paciente e adotar o procedimento sem infusão de sangue. A dúvida ocorre nos casos em que, segundo a ciência, o único meio seguro e com baixo risco à saúde enseje o uso de infusão de sangue e o médico esteja com o paciente internado e aos seus cuidados.[178]

---

era a de se comer o sangue dos animais (*Gênesis*, 9: 4; *Levítico* 3: 17). Só dos animais, pois, naquela época, nem se sonhava com transfusões sangüíneas, entre seres humanos... As Testemunhas retrucam que o sangue humano equipara-se ao sangue dos animais, o que é uma falácia, pois a própria Bíblia diz que 'a carne (natureza física) dos homens é uma e a carne dos animais é outra' (*I Coríntios*, 15: 39). Por fim, argumentam as Testemunhas que, se não se pode comer, pela boca, o sangue, não se pode, também, ingeri-lo pela veia, em uma transfusão. Contudo, o Médico acima mencionado, Dr. Sinésio, esclarece o seguinte: 'A reação metabólica é completamente diferente, ao se comer o sangue (de animais) e ao se tomar uma transfusão de sangue (humano) pela veia: quando se come o sangue (animal) — pela boca, é óbvio —, o organismo absorve as gorduras e proteínas, mas a massa sangüínea é posta fora, após a digestão, pelas fezes; quando se toma uma transfusão de sangue (humano), pela veia, a massa sangüínea aplicada não é eliminada pela digestão, mas incorpora-se no sangue do paciente'" (Disponível em: <http://www.acta-diurna.com.br/biblioteca/doutrina/d36.htm>).

[177] Essa postura adotada pelos Testemunhas de Jeová tem contribuído muito para o progresso científico. Nesse sentido, citamos a matéria Cirurgia sem sangue, veiculada no *Globo Repórter*. Disponível em: <http://www.youtube.com/watch?v=8iSSjgsRcnQ>.

[178] A jurisprudência brasileira já se manifestou diversas vezes sobre o tema.
No sentido da impossibilidade do consentimento:
Tribunal de Justiça do Rio Grande do Sul:
· Apelação Cível nº 70020868162, Quinta Câmara Cível, Tribunal de Justiça do RS, Relator: Umberto Guaspari Sudbrack, Julgado em 22.08.2007.
· Apelação Cível nº 595000373, Sexta Câmara Cível, Tribunal de Justiça do RS, Relator: Sérgio Gischkow Pereira, Julgado em 28.03.1995, Recurso desprovido.

Nesse caso, os Testemunhas de Jeová fundamentam-se na liberdade religiosa insculpida no artigo 5º, VI, da Constituição Federal,[179] e no inciso XVII da Declaração Universal dos Direitos do Homem.[180] Argumentam que todo indivíduo tem direito de recusar tratamento médico, abrangendo as transfusões de sangue.[181] Verifica-se um aparente conflito entre o direito fundamental à vida e à liberdade de consciência e de crença. Utilizando-se da técnica da ponderação entre os valores em conflito, entendemos que prevalece o dever do médico de agir, prestigiando a vida que corre risco. Os supostos atentados à liberdade individual e de crença não se sobrepõem à vida, pois ela é pressuposto do exercício dos demais. Ou seja, é antecedente, pois todos os demais princípios e atributos constitucionais condicionam-se à sua existência e aplicabilidade.

Não podemos admitir o argumento no sentido de que a liberdade religiosa autorizaria a ausência da transfusão de sangue nos casos em

---

Disponível em: <http://www1.tjrs.jus.br/busca/?tb=juris>.
Tribunal de Justiça do Rio de Janeiro:
Agravo de Instrumento nº 2004.002.13229, 18ª Câmara Cível do Tribunal de Justiça do Estado do Rio de Janeiro, DES. CARLOS EDUARDO PASSOS. Data do Julgamento: 05.10.2004.
Agravo de Instrumento nº 2007.002.09293, DES. CLÁUDIO DE MELLO TAVARES – Julgamento: 27.06.2007 -DÉCIMA PRIMEIRA CÂMARA CÍVEL.
Disponível em: <http://www.tjrj.jus.br/scripts/>.
Tribunal de Justiça de São Paulo:
Agravo de Instrumento nº 3076934400, 2ª Câmara de Direito Privado do Tribunal de Justiça do Estado de São Paulo, Data do Julgamento: 22.10.2003.
Apelação Cível n. 123.430-4 – Sorocaba – 3ª Câmara de Direito Privado – Relator: Flávio Pinheiro – 07.05.02 – V.U., *JTJ* 256/125.
Habeas Corpus nº 253.458-3 – 3ª Câmara Criminal – Relator: Pereira Silva – 05.05.98.
Disponível em: <http://esaj.tj.sp.gov.br/cjsg/>.
Tribunal de Justiça do Estado de Minas Gerais:
Número do processo: 1.0000.00.190354-1/000(1). Relator Célio César Paduani. Data do Julgamento: 16.11.2000. Publicado: 06.02.2001.
Em sentido contrário:
Tribunal de Justiça do Estado de Minas Gerais:
Número do processo: 1.0701.07.191519-6/001(1), Relator Alberto Vilas Boas, Data do Julgamento: 14.08.2007. Publicado: 04 set. 2007.
Disponível em: <http://www.tjmg.jus.br/juridico/>.

[179] "É inviolável a liberdade de consciência e de crença, sendo assegurado o livre exercício dos cultos religiosos e garantida, na forma da lei, a proteção dos locais de culto e suas liturgias".

[180] Todo homem tem direito à liberdade de pensamento, consciência e religião; este direito inclui a liberdade de manifestar essa religião ou crença pelo ensino, pela prática, pelo culto e pela observância, isolada ou coletivamente, em público ou em particular.

[181] Na doutrina, há vários posicionamentos nesse sentido. Cite-se como exemplo: GARAY. Libertad de conciencia y tratamiento médico; el caso del consentimiento a la transfusión sanguínea, p. 41-56.

que há risco de morte e o paciente encontra-se internado e aos cuidados do médico, já que o mal causado pela ação, violação à liberdade, é inferior ao evitado, morte. Ou seja, lesiona-se um bem jurídico em benefício de outro de maior valor.[182]

Acaso admitíssemos esse argumento, teríamos que considerar lícito um grupo religioso defender o suicídio coletivo e a disseminação da seita, como no conhecido caso dos suicidas da *Heaven's Gate* (Portão dos Céus),[183] apesar da catástrofe social. Com base nessa falaciosa liberdade absoluta, não seria legítimo o Estado punir os disseminadores daquela seita, pois agiriam amparados pela liberdade religiosa.

O próprio Código Penal opta pela proteção à vida com prioridade, ao isentar de pena o médico que constrange o paciente à intervenção médica ou cirúrgica, sem qualquer menção à liberdade de crença, conforme disposto no artigo 146, §3º, I, do Código Penal. Portanto, ainda que haja o consentimento do paciente no risco de morte, o médico deverá realizar a transfusão de sangue, obviamente desde que o paciente se encontre internado e aos seus cuidados, tendo em vista que estará amparado por causa de exclusão da ilicitude, consistente no estado de necessidade.

Por outro lado, deixando de agir, em obediência à autodeterminação do paciente, podendo fazê-lo e advindo dessa omissão a morte, o médico poderá responder por homicídio doloso, decorrente de dolo eventual,[184] já que tinha o dever de evitar o resultado, nos termos do artigo 121, c/c o artigo 13, §2º, "a", ambos do Código Penal, não lhe cabendo a escusa de ter observado a liberdade de crença do paciente. Nesse caso, o médico comete um crime comissivo por omissão, já que tem uma especial relação com o bem jurídico protegido — saúde do paciente —, encontrando-se na posição de garantidor. Por não tratar o

---

[182] Em sentido diametralmente oposto, cf. GUÉREZ TRICARICO. La influencia de lãs sectas y de lãs organizaciones religiosas en la elección o en el rechazo por el paciente al tratamiento médico, p. 411-437.

[183] "No dia 27 de março de 1997, nada menos do que 39 pessoas foram encontradas mortas numa mansão ao norte de San Diego, na Califórnia, Estados Unidos. Elas haviam cometido suicídio coletivo, levadas pela crença cega em Marshall Applewhite, líder de uma seita denominada Heaven's Gate (literalmente, "Portal do Paraíso"). Applewhite fez seus seguidores acreditarem que alcançariam a vida eterna se morressem no momento da passagem do cometa Halle-Bopp pela Terra, pois o astro abrigaria em sua cauda uma nave espacial."
Disponível em: <http://super.abril.com.br/tecnologia/seitas-ufologicas-445876.shtml>. Acesso em: 05 out. 2010.

[184] No mesmo sentido, PAZ, Miguel Ángel. *Reflexiones en torno a la relevancia del consentimiento del sujeto pasivo en el artículo 143 del Código Penal*, p. 438.

paciente, podendo tê-lo feito, deve responder pelas consequências de sua omissão. Esse dever de ofício do médico também se encontra no novo Código de Ética Médica (Resolução CFM nº 1.931/2009).[185]

7.7 A liberdade política e a vida

A liberdade política também vem sendo utilizada como argumento para legitimar o consentimento indireto na própria morte. Restringiremos nossas considerações à hipótese mais comum, que é a de greve de fome como meio de luta sociopolítica, a fim de pressionar os governantes a adotarem medidas solicitadas pelo grevista. O sujeito passivo, com sua própria atividade, em que pese não consentir necessariamente na morte, gera o risco de produzi-la.

O grevista recusa alimentos, não tendo como finalidade imediata a própria morte, em que pese admiti-la, acaso não obtenha seu intento junto ao Governo. Obviamente, se o grevista assim age livremente, não há como imputar nenhum crime a terceiros. O problema ocorre quando o sujeito passivo encontra-se sob os cuidados do Estado, por exemplo, os reclusos em estabelecimentos prisionais. O recluso, estando aos cuidados do Estado, aceita o risco de morrer de inanição, consentindo na exposição a perigo de morte.

Nesses casos, a reclusão em um estabelecimento prisional enseja uma relação de direitos e deveres recíprocos da administração penitenciária e do recluso, cabendo àquela zelar pela vida, integridade física e saúde do preso, ainda que para esse intento seja necessário limitar

---

[185] "VI – O médico guardará absoluto respeito pelo ser humano e atuará sempre em seu benefício. Jamais utilizará seus conhecimentos para causar sofrimento físico ou moral, para o extermínio do ser humano ou para permitir e acobertar tentativa contra sua dignidade e integridade.
VII – O médico exercerá sua profissão com autonomia, não sendo obrigado a prestar serviços que contrariem os ditames de sua consciência ou a quem não deseje, excetuadas as situações de ausência de outro médico, em caso de urgência ou emergência, ou quando sua recusa possa trazer danos à saúde do paciente.
É vedado ao médico:
Art. 22. Deixar de obter consentimento do paciente ou de seu representante legal após esclarecê-lo sobre o procedimento a ser realizado, *salvo em caso de risco iminente de morte.*
Art. 30. Usar da profissão para corromper costumes, cometer ou favorecer crime.
É vedado ao médico:
Art. 31. Desrespeitar o direito do paciente ou de seu representante legal de decidir livremente sobre a execução de práticas diagnósticas ou terapêuticas, *salvo em caso de iminente risco de morte.*
Art. 32. Deixar de usar todos os meios disponíveis de diagnóstico e tratamento, cientificamente reconhecidos e a seu alcance, em favor do paciente." (Grifos nossos)

direitos fundamentais como a liberdade. Há um dever estatal de zelar pela vida e integridade física do preso. Os agentes responsáveis pela segurança do estabelecimento prisional encontram-se na posição de garantidor, nos termos do artigo 13, §2º, do Código Penal brasileiro. Assim, quando o sujeito passivo fica inconsciente em decorrência da ausência de alimentos, em que pese o seu consentimento em não receber tratamentos, é dever dos agentes responsáveis pela segurança do estabelecimento prisional evitar a morte, normalmente através de alimentação intravenosa e cuidados médicos.[186] Ressalta-se que essas intervenções não constituem nenhuma ilicitude, já que visam a evitar o efeito irreversível da inanição — a morte.

A limitação ao direito à integridade física e moral é justificada pela necessidade de preservação da vida humana constitucionalmente protegida, exigindo-se um mínimo de sacrifício para salvaguardá-la, já que a morte tem como consequência a incapacidade de exercício daqueles direitos.

---

[186] Em sentido contrário, argumentando que se trata de autocolocação em perigo, posiciona-se o Professor Titular de Derecho Penal de La Universidad de Buenos Aires, Esteban Righi. Cf. RIGHI. La revalorización del consentimiento en la relación medico-paciente, p. 202.

CONCLUSÃO

Vimos, ao longo deste trabalho, que o consentimento no homicídio existe desde as mais antigas civilizações.

Percebemos que a última alteração da Parte Geral do Código Penal brasileiro não tratou expressamente do consentimento, por não pretender adotá-lo como matéria da Parte Geral, ou seja, entre as causas de justificação.

Prevalece no Direito brasileiro o entendimento segundo o qual o consentimento é aplicável aos delitos em que prepondera o interesse privado e restrito aos bens jurídicos disponíveis.

Para o consentimento válido, exige-se: concordância sem vícios de vontade, capacidade para consentir, admissibilidade jurídica da disponibilidade, anuência exercida antes ou durante a conduta do agente, conhecimento pelo causador da exposição a perigo ou lesão e atuação nos estritos limites da anuência.

O consentimento excluirá a tipicidade nas hipóteses em que a discordância do sujeito passivo é elemento do tipo, como, por exemplo, no delito de invasão de domicílio.

Havendo tipicidade da conduta, o consentimento exclui a ilicitude desde que atue fora do tipo e represente a manifestação possível de renúncia à proteção penal, como, por exemplo, no delito de dano.

O consentimento no homicídio é aquele em que o agente age com vontade e consciência de produzir a morte, com a anuência do sujeito passivo.

Constatamos que o consentimento no homicídio é matéria em voga nos mais diversos seguimentos sociais, ensejando um crescente movimento, em especial nas raias dos meios jurídicos, políticos e religiosos, com opiniões das mais variadas linhas, com o intuito primordial de se proceder a alterações na legislação penal ou até mesmo constitucional, fundamentando-se, especialmente, em uma concepção exageradamente individualista.

Afirmamos que a vida é pressuposto natural de todos os valores humanos e princípios fundamentais. O consentimento na própria morte não se apoia em nenhum direito. A vida, apesar de não ser um valor absoluto — por exemplo, nos casos de legítima defesa —, é um bem indisponível e irrenunciável, pois se encontra subtraída à disposição de seu titular.

Percebemos que há um interesse geral do ordenamento jurídico na preservação da vida dos membros da comunidade, ensejando um interesse social em sua proteção. O Direito existe em função do homem vivendo em sociedade. O ser humano não é o único dono de sua vida, já que pertence também à sociedade.

O Estado não fomenta o suicídio, pelo contrário, demonstra interesse na preservação da vida ao punir a participação como crime autônomo e autorizar a coação que se exerce para impedir a sua consumação. O direito de matar não é uma faculdade que o Estado possa conceder livremente a alguém, exceto nas hipóteses de salvaguardar-se outra vida.

A punição para o homicídio consentido não diminui a liberdade individual, representando uma segurança para o indivíduo, já que a conduta é uma ofensa à dignidade da pessoa humana e um atentado contra a humanidade. Ser verdadeiramente livre é reconhecer os limites no exercício desse direito.

Autorizar o consentimento na tutela do bem jurídico mais importante significaria mais um pretexto para o menosprezo da vida, além de um incentivo para o crime. Não podemos admitir entendimentos que permitem a evaporação da vida com tamanha facilidade — e com ela os sonhos, as amizades, as vontades, as expectativas e os amanhãs.

O consentimento indireto é aquele em que o sujeito passivo não quer a própria morte, mas consente em ações ou omissões praticadas por terceiros que geram enorme risco de produzi-la, como, por exemplo, nos casos de eutanásia, prática sexual e utilização de material contaminado com portador de HIV, práticas esportivas violentas fomentadas pelo Estado, recusa à transfusão de sangue pelos seguidores da religião Testemunhas de Jeová e greves de fome, estando o sujeito passivo aos cuidados do Estado.

Tais casos não se tratam, propriamente, de consentimento no homicídio, pois a anuência não recai sobre o resultado lesivo, mas sobre a conduta que pode ensejar a lesão posterior, consistente na morte. Mesmo nessas hipóteses concluímos pela impossibilidade de exclusão da ilicitude.

Assim, deixamos, novamente, nosso apelo para que o leitor mantenha aceso o fogo da vida humana. O ideário desta obra é um brado pela preservação da vida humana, um apelo à consciência universal!

REFERÊNCIAS

ALVES, Rubem. Sobre a morte e o morrer. *Folha de S.Paulo,* São Paulo, 12 out. 2003. Caderno Sinapse, fl. 3. Disponível em: <www.releituras.com/rubemalves_menu.asp>. Acesso em: 01 jun. 2010.

ANGULO, Graciela. El consentimiento frente a los bienes jurídicos indisponibles. *Revista de Derecho Penal,* Buenos Aires, n. 2, p. 325-360, 2006.

ARMAZA GALDÓS, Julio. La eximente por consentimiento del titular del bien jurídico. *Revista de Derecho Penal y Criminologia,* Lima, n. 1, p. 109-130, 1998.

BÍBLIA SAGRADA. 28 ed. Traduzida do hebraico e grego pelos Monges de Maredsous. (Bélgica). Revisada por Frei João José Pedreira de Castro. São Paulo: Ave Maria, 2000.

BRASIL. Câmara dos Deputados. Disponível em: <http://www2.camara.gov.br/>. Acesso em: 22 nov. 2009.

BRASIL. Código Penal Republicano. Disponível em: <http://www.ciespi.org.br/base_legis/legislacao/DEC20a.html>. Acesso em: 08 jun. 2010.

BRASIL. Senado Federal. *Projeto de lei n. 116/2000.* Disponível em: <http://www.senado.gov.br/atividade/materia/default.asp>. Acesso em: 16 nov. 2009.

BRASIL. Senado Federal. *Regimento Interno.* Disponível em: <http://www.senado.gov.br/legislacao/regsf/RegSFVolI.pdf>. Acesso em: 10 jun. 2010.

BRASIL. Superior Tribunal de Justiça. Disponível em: <http://www.stj.jus.br/SCON/jurisprudencia/toc.jsp?tipo_visualizacao=RESUMO&processo=46525&b=ACOR>. Acesso em: 04 out. 2010.

BRODT, Luis Augusto Sanzo. *Entre o dever e o direito.* Disponível em: <http://www.seer.furg.br/ojs/index.php/juris/article/viewFile/601/143>. Acesso em: 08 out. 2009.

BRUNO, Aníbal. *Direito Penal*: parte especial. Rio de Janeiro: Forense, 1972. t. IV.

BRUNO, Aníbal. *Direito Penal*: parte geral. 5. ed. Rio de Janeiro: Forense, 2005. t. II.

BUZAGLO, Samuel Auday. *Eutanásia.* Disponível em: <www.anpr.org.br/portal/components/com.../Artigo_EutanasiaCNCelivro.doc>. Acesso em: 17 ago. 2010.

CARVALHO, Carolina Queiroz de. *O domínio da vida do embrião*: limites do poder de decisão dos genitores. 2007. 166 f. Dissertação (Mestrado em Direito) – Faculdade de Direito, Universidade Federal de Minas Gerais, Belo Horizonte, 2007.

CEREZO MIR, José. *Derecho penal*: parte general. São Paulo: Revista dos Tribunais, 2007.

CHAVES, Antônio. *Direito à vida e ao próprio corpo.* 2. ed. São Paulo: Revista dos Tribunais, 1994.

Cirurgia sem sangue. *Globo Repórter.* Disponível em: <http://www.youtube.com/watch?v=8iSSjgsRcnQ>. Acesso em: 12 jun. 2009.

CÓDIGO Penal Alemán de 15 de mayo de 1871. Tradução de Claudia Lopes Díaz. Bogotá: Universidad Externado de Colombia, 1999.

CONDE, Francisco Muños. *Teoria geral do delito*. Tradução de Juarez Tavares e Luiz Regis Prado. Porto Alegre: Sergio Antonio Fabris, 1998.

CONSELHO FEDERAL DE MEDICINA. Código de Ética Médica – Resolução n. 1.931/2009. *Diário Oficial da União*, Brasília, 24 set. 2009, Seção I, p. 90-92. Disponível em: <http://www.portalmedico.org.br/novoportal/index5.asp>. Acesso em: 16 jun. 2010.

CONSELHO FEDERAL DE MEDICINA. Resolução n. 1.805/2006. *Diário Oficial da União*, Brasília, 28 nov. 2006, Seção I, p. 169.

CONSELHO FEDERAL DE MEDICINA. Resolução n. 1480 de 08 de agosto de 1997. Disponível em: <http://www.portalmedico.org.br/resolucoes/cfm/1997/1480_1997.htm>.

CONSTANTINO, Carlos Ernane. *Transfusão de sangue e omissão de socorro*. Disponível em: <http://www.acta-diurna.com.br/biblioteca/doutrina/d36.htm>. Acesso em: 17 out. 2009.

COUSIÑO MAC IVER, Luis. *Derecho penal chileno*. Santiago: Jurídica de Chile, 1979. t. II.

CUTAIT, Raul. Morte digna. *Folha de S.Paulo*, São Paulo, 12 out. 2003. Caderno Sinapse, fl. 3.

DALLARI, Dalmo de Abreu. *Bioética e direitos humanos*. Disponível em: <www.portalmedico.org.br/biblioteca_virtual/bioetica/ParteIIIdireitoshumanos.htm>. Acesso em: 14 ago. 2009.

DIAS, Jorge de Figueiredo. *Direito Penal*: parte geral. São Paulo: Revista dos Tribunais, 2007. t. I.

DIPP, Ricardo Henry Marques; PENTEADO, Jaques de Camargo (Org.). *A vida dos direitos humanos*: bioética médica e jurídica. Porto Alegre: Sergio Antonio Fabris, 1999.

FALTA de leitos faz médico selecionar paciente. *G1*; O Portal de notícias da Globo. 1º maio 2007. Disponível em: <http://g1.globo.com/Noticias/0,,MUI29503-5598,00.html>. Acesso em: 09 jun. 2010.

FERREIRA, Aurélio Buarque de Holanda. *Pequeno dicionário brasileiro da língua portuguesa*. 11. ed. São Paulo: Civilização Brasileira. 197?.

FERRI, Enrico. *Princípios de direito criminal*. 2. ed. Tradução de Paolo Capitanio. Campinas: Bookseller, 1999.

FOLHA DE S.PAULO. São Paulo, 26 dez. 2009. Caderno Opinião, A3.

FÖPPEL, Gamil. *Tutela penal da vida humana*. Disponível em: <www.msmidia.com/mat/artigos/18.pdf>. Acesso em: 12 maio 2009.

GARAY, Alain. Libertad de conciencia y tratamiento médico: el caso del consentimiento a la transfusión sanguínea. *Cuadernos de Bioética*, Buenos Aires, año 4, n. 6, p. 41-56, 2000.

GUÉREZ TRICARICO, Pablo. La influencia de lãs sectas y de lãs organizaciones religiosas en la elección o en el rechazo por el paciente al tratamiento médico. *In*: GUÉREZ TRICARICO, Pablo. *Bioética, religión y derecho*: actas del curso de verano de la Universidad Autónoma de Madrid celebrado en Miraflores de La Sierra del 14 al 16 de Julio de 2005. Madrid: Alcalá, Fundación Universitaria Española, 2005.

HIRSCH, Hans Joachim. *Derecho penal*: obras completas: libro homenaje. Buenos Aires: Rubinzal-Culzoni, 1999. t. II, III.

HUNGRIA, Nelson. *Comentários ao Código Penal*. Rio de Janeiro: Forense, 1981. v. 5.

REFERÊNCIAS | 121

HUNGRIA, Nelson. Prefácio. *In*: MENEZES, Evandro Corrêa de. *Direito de matar*. 2. ed. Rio de Janeiro: Livraria Freitas Bastos S.A, 1976.

ITAGIBA, Ivair Nogueira. *Do homicídio*. Rio de Janeiro: Forense, 1945.

ITALIANO acorda de coma. *Vida e Valores*, 05 out. 2005. Disponível em: <http://vidaevalores.org/index.php?option=com_content&view=article&id=103:italiano-acorda-de-coma&catid=36:reutanasia&Itemid=56>. Acesso em: 14 maio 2010.

JAKOBS, Günther. La interrupción del tratamiento médico a petición del paciente y el §216 StGB: homicídio a petición de la víctima. *In*: JAKOBS, Günther. *Estudios de derecho penal*. Madrid: Civitas, 1997. (Colección estudios de derecho penal).

JAKOBS, Günther. *Suicídio, eutanásia e Direito Penal*. Tradução de Maurício Antônio Ribeiro Lopes. São Paulo: Manole, 2003. (Coleção estudos de Direito Penal).

JAKOBS, Günther. *Teoria da pena, e, suicídio e homicídio a pedido*: dois estudos de Günther Jakobs. Barueri: Manole, 2003. (Coleção estudos de Direito Penal; v. 3).

JAKOBS, Günther. *Tratado de Direito Penal*: teoria do injusto penal e culpabilidade. Belo Horizonte: Del Rey, 2009.

JIMÉNEZ DE ASÚA, Luis. *Liberdade de amar e direito a morrer*. Belo Horizonte: Mandamentos, 2003. Eutanásia e endocrinologia, v. 2.

JOÃO PAULO II, Papa. *Evangelium vitae*. 25 mar. 1995. Disponível em: <http://www.vatican.va/holy_father/john_paul_ii/encyclicals/documents/hf_jp-ii_enc_25031995_evangelium-vitae_po.html>. Acesso em: 08 jun. 2010.

JONES, Ernest. *A vida e a obra de Sigmund Freud*. Rio de Janeiro: Imago, 1989.

LIMA, Alberto Jorge Correia de Barros. *A reforma do Código Penal e o direito de morrer*. Disponível em: <http://www.ibccrim.org.br>. Acesso em: 05 jun. 2009.

LISZT, Franz Von. *Tratado de Direito Penal Allemão*. Tradução de José Hygino Duarte Pereira. Brasília: História do Direito Brasileiro, 2006. v. 2.

LOPES, Jair Leonardo. *Curso de Direito Penal*: parte geral. 4. ed. São Paulo: Revista dos Tribunais, 2005.

LUCA, Heloiza Meroto de. O consentimento do ofendido à luz da teoria da imputação objetiva. *Revista da Faculdade de Direito da Universidade de São Paulo*. São Paulo, v. 100, p. 739-815, 2005.

MAGGIORE, Giuseppe. *Derecho penal*. Bogotá: Editorial Temis, 2000. v. 1.

MARCÃO, Renato. Homicídio eutanásico: eutanásia e ortotanásia no anteprojeto de Código Penal. *Jus Navigandi*, Teresina, ano 6, n. 57, jul. 2002. Disponível em: <http://jus2.uol.com.br/doutrina/texto.asp?id=2962>. Acesso em: 22 jul. 2009.

MARQUES, Daniela de Freitas. *Sistema jurídico-penal*: do perigo proibido e do risco permitido. Porto Alegre: Sergio Antonio Fabris, 2008.

MARTIN, Leonard M. *Eutanásia e distanásia*. Disponível em: <www.portalmedico.org.br/biblioteca-virtual/bioetica>. Acesso em: 12 ago. 2009.

MENEZES, Evandro Corrêa. *Direito de matar*. 2. ed. Rio de Janeiro: Livraria Freitas Bastos, 1976.

MINAHIM, Maria Auxiliadora. *Direito Penal e biotecnologia*. São Paulo: Revista dos Tribunais, 2005.

MIR PUIG, Santiago. Lesiones deportivas y derecho penal. *Revista Del Ilustre Colégio de Abogados Del Señorio de Vizcaya*, Vizcaya, n. 36, p. 41-45, mayo/jun. 1987.

MORE, Thomas. *A utopia*. Tradução de Pietro Nassetti. São Paulo: Martin Claret, 2003.

NUCCI, Guilherme de Souza. *Código de Processo Penal Comentado*. 7. ed. São Paulo: Revista dos Tribunais, 2007.

NUÑEZ PAZ, Miguel Ángel. *Reflexiones en torno a la relevância del consentimiento del sujeto pasivo en el artículo 143 del Código Penal*: homenaje al Dr. Marino Barbero Santos. Cuenca: Ediciones Universidad Salamanca, 2001. v. 2.

PAZ, Miguel Ángel. *Reflexiones en torno a la relevancia del consentimiento del sujeto pasivo en el artículo 143 del Código Penal*. Cuenca: Ediciones de lau Universidad de Castilla-La Mancha, 2001.

PEDROSO, Fernando de Almeida. *Homicídio, participação em suicídio, infanticídio e aborto*. Rio de Janeiro: Aide, 1995.

PEREIRA, Caio Mário da Silva. *Instituições de direito civil*. 6. ed. Rio de Janeiro: Forense, 1996. v. 1.

PESSINI, Leocir. *Distanásia*: até quando prolongar a vida?. São Paulo: Centro Universitário São Camilo, 2001.

PIERANGELI, José Henrique. *O consentimento do ofendido*: na teoria do delito. 2. ed. São Paulo: Revista dos Tribunais, 1995.

PIERANGELI, José Henrique. *O consentimento do ofendido*: na teoria do delito. 3. ed. São Paulo: Revista dos Tribunais, 2001.

PIRES, Ariosvaldo de Campos. *A coação irresistível no Direito Penal brasileiro*. 2. ed. Belo Horizonte: Lemi, 1973.

POLONÊS acorda após coma de 19 anos. *Terra* 02 jun. 2007. Disponível em: <http://noticias. terra.com.br/mundo/interna/0,,OI1663133-EI8142,00.html>. Acesso em: 14 maio 2010.

PONTES DE MIRANDA, Francisco. *Tratado de direito privado*. Rio de Janeiro: Borsoi, 1955. t. VII.

PORTILLA CONTREAS, Guillermo. Tratamiento dogmático-penal de los supuestos de puesta en peligro imprudente por un tercero con aceptación por la victima de la situación de riesgo. *Cuadernos de Política Criminal*, Madrid, n. 45, 1991, p. 695-738.

RAMACCI, Fabrizio. *I delitti di omicidio*. 2. ed. Torino, Roma: G. Giappicheli, 1997.

REISS, Michel Wencland. *Sobre o consentimento do sujeito passivo*. 2004. 134 f. Dissertação (Mestrado em Direito) – Faculdade de Direito, Universidade Federal de Minas Gerais, Belo Horizonte, 2004.

RIGHI, Esteban. La revalorización del consentimiento en la relación medico-paciente. *Revista de Ciencias Penales*, Montevideo, n. 4, p. 191-204, 1998.

ROXIN, Claus. A apreciação jurídico-penal da eutanásia. *Revista Brasileira de Ciências Criminais*, São Paulo, ano 8, n. 32, p. 9-38, out./dez. 2000.

ROXIN, Claus. *A proteção de bens jurídicos como função do Direito Penal*. Organização e tradução de André Luís Callegari e Nereu José Giacomolli. Porto Alegre: Livraria do Advogado, 2006.

ROXIN, Claus. *Estudos de Direito Penal*. Tradução de Luís Greco. Rio de Janeiro, São Paulo, Recife: Renovar, 2006.

SAGRADA CONGREGAÇÃO PARA A DOUTRINA DA FÉ. *Declaração sobre a eutanásia*. Disponível em: <http://www.vatican.va/roman_curia/congregations/cfaith/documents/rc_con_cfaith_doc_19800505_euthanasia_po.html>. Acesso em: 10 fev. 2010.

SALES, Sheila Jorge Selim de. *Escritos de Direito Penal*. 2. ed. Belo Horizonte: Del Rey, 2005.

SAMPEDRO, Ramón. *Cartas do inferno*. São Paulo: Planeta, 2005.

SEGURA GARCÍA, María José. El consentimiento del sujeto pasivo en los delitos contra bienes jurídicos individuales. *In*: LÓPEZ BARJA DE QUIROGA, Jacobo; ZUGALDÍA ESPINAR, José Miguel (Org.). *Dogmática y lei penal*: libro homenaje a Enrique Bacigalupo. Madrid: Marcial Pons, 2004.

SGRECCIA, Dom Elio. *Aspectos éticos da assistência ao paciente*. 27 fev. 2009. Disponível em: <http://vidaevalores.org/index.php?option=com_content&view=article&id=109:aspectos-eticos-da-assistencia-ao-paciente&catid=36:reutanasia&Itemid=56>. Acesso em: 14 maio 2010.

SILVA, Adalberto Prado e; AZEVEDO, Fernando. *Dicionário brasileiro da língua portuguesa*. São Paulo: Mirador Internacional, 1976.

SILVA, José Afonso da. *Curso de direito constitucional positivo*. 26. ed. São Paulo: Malheiros, 2006.

STRECK, Lenio Luiz. *Bem jurídico e Constituição*: da proibição de excesso (übermassverbot) à proibição de proteção deficiente (untermassverbot) ou de como não há blindagem contra normas penais inconstitucionais. p. 4. Disponível em: <http://leniostreck.com.br>. Acesso em: 06 maio 2009.

VARELLA, Drauzio. *O momento da morte*. Disponível em: <www.drauziovarella.ig.com.br/artigos>. Acesso em: 26 maio 2009.

VARGAS, José Cirilo de. *Do tipo penal*. Rio de Janeiro: Lumen Juris, 2008.

VIEIRA, Mônica Silveira. *Eutanásia*: humanizando a visão jurídica. 2004. 317 f. Dissertação (Mestrado em Direito) – Faculdade de Direito, Universidade Federal de Minas Gerais, Belo Horizonte, 2004.

WELZEL, Hans. *Direito Penal*. Tradução de Afonso Celso Rezende. Campinas: Romana, 2004.

ZAFARONI, Eugênio Raúl; PIERANGELI, José Henrique. *Manual de Direito Penal brasileiro*. 4. ed. São Paulo: Revista dos Tribunais, 2002.

ZINI, Júlio César Faria. *A consideração do comportamento da vítima na gênese da teoria geral do delito*: uma análise crítica da vitimodogmática. 2008. 230 f. Dissertação (Mestrado em Direito) – Faculdade de Direito, Universidade Federal de Minas Gerais, Belo Horizonte, 2008.

ÍNDICE DE ASSUNTO

página

A
Academia Americana de Neurologia... 50
- Princípios 50
AIDS
   Ver Síndrome da Imunodeficiência
Adquirida
Análise da conduta dos sujeitos no
consentimento.. 59
- Sujeito passivo.................................... 59
- Sujeito ativo 60
Análise do consentimento no
   homicídio.. 63
- Interesse social na preservação
   da vida 76
- Vida como pressuposto da
   liberdade.. 64
Autocídio
   Ver Autoquiria

C
Consentimento
- Conceito.................................... 31, 35
- Formas.. 36
- - Consentimento expresso 36
- - Presumido.................................... 36
- - Tácito 36
- Indireto 89
- - Conceito 118
- - - exemplos.. 118
Consentimento legitimado pelo Estado
- Consequências.......................... 83, 84
- - Incentivo a degradação moral 83
- - Morte eugênica 83
- Excludente de ilicitude...................... 41
- Excludente de tipicidade 40
- No homicídio.... 19, 22, 39, 43, 64, 65, 72,
      73, 74, 75, 81, 83, 86, 89

página

- - Conceito 117
- - Histórico.. 19-30
- - - legislação alienígena 22
- - - legislação brasileira........................ 25
- Considerações morais 82
- Sofrimento psíquico do sujeito 82
- Validade.. 37

D
Declaração sobre a Eutanásia (aprovada
   pelo Papa João Paulo II) 98
Direito fundamental 46
Distanásia 27, 94, 95, 96,
      97, 98, 101, 102
- - Definição.. 94
- - Práticas.. 96

E
Equivocado argumento embasado no
   suicídio.. 78
- Autoquiria.. 78
 - - Definição.. 78
- Conduta do suicida 79
- Considerações morais 82
- - Sujeito passivo.................................... 82
Estado como garantidor da vida......... 85
- Grande desafio 86
Eutanásia 20, 22, 23, 24, 28, 48, 65,
      70, 84, 89, 90, 91, 92, 93,
      95, 96, 97, 98, 100, 101, 103
- Definição 90
- Finalidade 101

H
Homicídio
- Conceito.. 53

página

- Consentido 55
- Forma dolosa 54
- - Dolo direto 54
- - Dolo eventual 55, 56
- Forma culposa 56
- - Delitos culposos 56, 57
- - - definição 56

I
Incremento da criminalidade 83-85
- Consequência 83

L
Liberdade religiosa e a vida 110
- Testemunhas de Jeová 110
Liberdade política e a vida 115
- Sujeito passivo sob os cuidados
do Estado 115

M
Morte
- Definição 48
- Encefálica 50
- - Características 50
Ortotanásia 27, 28, 30, 95, 99, 100,
101, 102, 103

página

- Definição 27, 99, 100
- Finalidade 101

P
Princípio vitimológico 71
Prática sexual com portador
de HIV e utilização de material
contaminado 103
Práticas esportivas fomentadas pelo
Estado 107
- Consequências 107
- Praticante da modalidade
esportiva 109

S
Síndrome da Imunodeficiência
Adquirida 103

T
Teoria da Renúncia à Tutela Jurídica 35

V
Vida humana 43
- Conceito 43
- Vitimodogmática 33

ÍNDICE DA LEGISLAÇÃO

página

B
Brasil [Constituição (1988)] 61
- art. 5º
caput 46
- - inciso VI 113
- art. 129
- - inciso I 77

C
Carta Magna *ver* Brasil
[Constituição (1988)]
Código Civil de 2002
- art. 6º 48
- art. 15 ....32, 47
Código Penal de 1940 25
Código Penal de 1984 25
Código Penal brasileiro, ...17, 26, 32,
33, 38, 40, 41, 80, 81,
82, 83, 91, 107 116, 117
- art. 13
- §2º 95
- art. 20 38
- art. 26
- Parágrafo único 83
- art. 100 77
- art. 121
- - §1º 91
- - §2º, I 105
- art. 122 81
- - - inciso II
- art. 146
- - §3º, I, ...114
- art. 163 41

página

- art. 122 ....80, 81
- -inciso II 81
-art. 146 80
- - §3º 80
Código Penal italiano
- art. 50 32
- art. 579 86
Código Penal holandês 23
Código Penal do Peru, de 1942 23
Código Penal Republicano, de 1980
- art. 26
- - alínea "c" 25
Código Penal soviético de 1922 23

D
Decreto nº 22.213, de 14 de
dezembro de 1932 25

L
Lei nº 7.209/84 25
- art. 59, 33
Lei Estadual nº 10.241, de 17 de
março de 1999 102

P
Pacto de São José da Costa Rica
- art. 4º 45
Projeto de Lei nº 116/00 29
Projeto de Lei nº 6.544/2009 29

R
Resolução nº 1.480, de 08 de agosto
de 1997 51
Resolução nº 1.805/2006 27

ÍNDICE ONOMÁSTICO

página

A
Ângulo, Graciela 69
Armaza Galdós, Julio 35

B
Brandão, Dernival da Silva 43
Brodt, Luis Augusto Sanzo 109
Bruno, Aníbal 40, 46, 47, 55, 79, 90

C
Carvalho, Carolina Queiroz de 44
Cerezo Mir, José 32
Chaves, Antônio 106
Conde, Francisco Muñoz 39
Constantino, Carlos Ernane 111
Costa, José Francisco de Faria 63

D
Dallari, Dalmo de Abreu 74
Dias, Jorge de Figueiredo 38

F
Ferreira, Aurélio Buarque
de Holanda 31
Ferri, Enrico 78
Föppel, Gamil 23

G
Garay, Alain 113
Guérez Tricarico, Pablo 114

H
Hirsch, Hans Joachim 69
Hungria, Nelson 53, 78, 80, 108, 92

página

I
Itagibá, Ivair Nogueira 78

J
Jakobs, Günther 64
Jiménez de Asúa, Luís 22, 41
Ernest, Jones 21

L
Liszt, Franz Von 53
Lopes, Jair Leonardo 55,108
Luca, Heloiza Meroto de 70

M
Maggiore, Guiseppe 42
Marcão, Renato Flavio 26
Marques, Daniela de Freitas 71
Martin, Leonard M. 34, 97
Menezes, Evandro Corrêa de 20, 22
Minahim, Maria Auxiliadora 50

O
Oliveira, Eugênio Pacelli de 64

P
Pedroso, Fernando de Almeida 48
Pierangeli, José Henrique ... 37, 41, 42, 107
Pontes de Miranda, Francisco 77

R
Roxin, Claus 66, 92, 105

S
Segura García, María José 34
Silva, José Afonso da 45
Streck, Lenio Luiz 38

página	página

V
Varella, Drauzio.................................49
Vargas, José Cirilo de............................67
Vieira, Mônica Silveira....................47, 72

W
Welzel, Hans................................31, 32, 35

Z
Zini, Júlio César Faria............................70

Esta obra foi composta em fonte Palatino Linotype, corpo 10
e impressa em papel Offset 75g (miolo) e Supremo 250g (capa)
pela Gráfica e Editora O Lutador.
Belo Horizonte/MG, fevereiro de 2012.